Titres parus

RÉVOLUTION

DANS LA VALLÉE DES ROIS

LA MARCHE MAUDITE

LE PISTEUR MASSAÏ

LE MESSAGER DE VERDUN

LA LETTRE SECRÈTE

LES AVENTURES DU JEUNE INDIANA JONES

DANS LA VALLÉE DES ROIS

Adapté par Megan Stine et
H. William Stine
à partir d'un épisode de la série
télévisée intitulé
« Egypt, May 1908 »
Téléfilm de Jonathan Hales
Histoire de George Lucas
Sous la direction de Jim O'Brien

Avec les photographies du film

ÉDITIONS FLEURUS, 11, rue Duguay-Trouin 75006 PARIS

Ceci est une œuvre de fiction. Bien que le jeune Indiana Jones soit présenté comme prenant part à des événements historiques et soit placé dans des situations en relation avec des personnages ayant existé, les scènes sont purement imaginaires. Par ailleurs, pour l'intérêt dramatique du récit, des modifications chronologiques et historiques ont été apportées par l'auteur dans les scènes relatant des faits connus et évoquant des personnages ayant existé.

Titre original « The Mummy's Curse », publié par Random House.
Traduit de l'américain par SOGEDICOM.
TM & © 1993 LUCASFILM LTD (LFL) ALL RIGHTS RESERVED.
FLEURUS AUTHORIZED USER.
1993 © Editions Fleurus, Paris
Dépôt légal : février 1993
ISBN : 2.215.03042.9
Imprimé en France

DANS LA VALLÉE DES ROIS

TERRITOIRE EGYPTIEN, MAI 1908

- Méditerranée
- Port-Saïd
- Pyramides, Sphinx
- ★ LE CAIRE
- ARABIE
- EGYPTE
- Désert du Sahara
- le NIL
- Mer Rouge
- Vallée des Rois
- LOUXOR (Thèbes)

EUROPE
EGYPTE
AFRIQUE

N
O — E
S

0   150   300 Km

■ ESPACE REPRÉSENTÉ SUR LA GRANDE CARTE

CHAPITRE 1

— Yankee, pas vrai ? demanda le cocher en se retournant vers le jeune Indiana Jones.
Indy était assis entre son père et sa mère, dans un fiacre cahotant sur des rues aux pavés inégaux. C'était la première fois qu'il voyait les rues de la ville d'Oxford, en Angleterre. Le ciel était gris, l'air de ce mois de mai était humide et frais.
— Yankee ? demanda le jeune Indy en regardant droit dans les yeux le cocher, perché sur le siège avant.
— Il veut savoir si nous sommes américains, expliqua le père d'Indy.
— Et comment, qu'on est américain ! répliqua gaiement Indy. En tout cas, moi je le suis. Mon père, lui,

est né en Écosse. Il est professeur à l'université de Princeton, dans le New Jersey.

— Professeur d'université ? Ça ne m'étonne pas. Ici, il y a plus de professeurs que je peux donner de coups de fouet. Il y a même des jours où il est difficile de ne pas en renverser quelques-uns. Il rit et émit un claquement de langue pour faire accélérer le trot du cheval.

Indy se pencha pour regarder le spectacle qui se déroulait sous ses yeux. Les magnifiques sommets des collèges s'élevaient au-dessus de sa tête. Des étudiants vêtus d'amples toges noires emplissaient les rues. Partout, on voyait des statues et des monuments. Le fiacre passa devant d'horribles têtes de pierre qui fixaient Indy comme si elles avaient été coupées de leur corps et déposées sur des colonnes de deux mètres de haut.

— Tu sais, Junior, dit le professeur Henry Jones, brisant le silence, Oxford est une très vieille ville. L'université a été fondée en 1163, à l'époque où Henri II était roi d'Angleterre.

— C'est vraiment un professeur ! commenta le cocher en riant.

Indiana soupira. Son père était un type vraiment très intelligent. C'était un professeur de littérature médiévale. Il passait le plus clair de son temps à lire et, quand il ne lisait pas, il enseignait aux autres ce qu'il avait lu.

— Mais s'il est si malin, se dit Indy, pourquoi n'arrive-t-il pas à se rappeler que je déteste que l'on m'appelle Junior ou Henry? Pourquoi m'ont-ils appelé Henry Jones Junior? Je veux qu'on m'appelle Indiana! Qu'est-ce que ça fait que mon chien ait le même nom?

— Halte là, cocher! ordonna soudain le professeur Jones. Nous sommes arrivés! Voilà notre maison.

Le cocher arrêta rapidement le fiacre devant une petite maison de brique de deux étages avec un petit jardin devant.

Indy sauta du fiacre pendant que son père aidait sa mère à en descendre.

— Vous savez, Anna, dit le professeur Jones, je n'ai pas mis les pieds ici depuis le jour où j'ai obtenu mon diplôme de l'université.

Il étira son costume de tweed brun et lissa d'un geste de la main sa fine barbe et sa moustache.

— C'était il y a quinze ans — classe 1893. Tu vas rencontrer ici un grand professeur, Junior. Et elle va être une merveilleuse préceptrice pour toi.

Indy se figea.

— Une quoi?

— Une préceptrice, dit le professeur Jones en avançant vers la porte. J'ai demandé à miss Seymour de venir avec nous pour ma tournée de conférences. Je ne te l'avais pas dit, Junior ?

— Non, répondit Indy, toujours immobile sur le trottoir. Vous m'aviez dit que nous venions ici pour rencontrer un de vos anciens précepteurs.

— J'ai dû simplement oublier, répondit le professeur Jones.

— Mon petit Henry, dit sa mère (tout chez sa mère inspirait douceur et compréhension, y compris son geste, sa voix, son regard bleu et son sourire), tu ne l'as pas encore rencontrée !

Le professeur Jones frappa à la porte. Une jeune femme vêtue d'un uniforme de servante vint ouvrir aussitôt. Elle les conduisit dans un petit bureau dont la cheminée était éteinte, puis leur demanda de patienter.

Lorsque Indy mit les pieds dans cette pièce sombre, ce fut comme s'il entrait dans une prison ou une cave. La pièce, recouverte du sol au plafond d'étagères remplies de livres, paraissait encore plus petite.

Alors que le père d'Indy parcourait les rayonnages et examinait les ouvrages, sa mère s'assit tranquillement dans un fauteuil de cuir. Indy s'assit à côté d'elle, tapant du pied nerveusement et tirant sur son nœud papillon.

— Arrête de gigoter ! lui dit son père.

— Je ne suis pas en train de gigoter, je ne sais pas quoi faire.
Soudain, la porte de la pièce s'ouvrit. Une grande femme, la soixantaine, l'air strict et les cheveux gris tirés en arrière, entra. Son chemisier blanc amidonné et sa jupe noire faisaient un bruit de papier froissé lorsqu'elle marchait. Ou peut-être était-ce elle qui faisait ce bruit...
— Monsieur Jones..., dit la femme doucement. Professeur Jones, devrais-je dire. Quel plaisir de vous revoir !
Indy cligna des yeux. Elle se comportait comme si son père et elle étaient de vieux amis. Comme si elle l'avait vu la semaine passée, alors qu'en réalité cela faisait quinze ans.
— Miss Seymour, dit le professeur Henry Jones, je voudrais vous présenter ma femme, Anna, et mon fils, Henry Jones Junior. Voici ta nouvelle préceptrice, miss Seymour.
— C'est une préceptrice ? se dit Indy. Eh bien, zut, alors !
— Surveille tes manières, Henry ! dit sa mère.
Indy décroisa les bras, serra la main de miss Seymour, et retira la sienne aussitôt.
Miss Seymour dévisagea Indy sans dire un mot.
Puis, le regard toujours dirigé sur le jeune Indiana Jones, elle s'adressa à son père.

— Il est habillé d'une manière épouvantable et sa façon de se tenir laisse beaucoup à désirer.
— Magnifique! pensa Indy. Elle ne m'aime vraiment pas du tout.
— Mon petit Henry, lui dit sa mère, tiens-toi droit!
Entouré de tous ces gens qui lui disaient ce qu'il avait à faire, Indy se sentait de plus en plus prisonnier.
Il jeta un coup d'œil par la fenêtre vers les gros nuages sombres, puis son regard se posa sur sa mère. Sa robe bleue ressemblait à un morceau de ciel perdu au milieu de la pièce sombre. Il regarda enfin miss Seymour droit dans les yeux.
— Quel âge avez-vous, jeune homme? demanda miss Seymour.
Elle parlait d'une voix claire et distincte, et son accent britannique paraissait dur, comparé aux douces intonations écossaises de son père.
— Elle me déteste. Ça se voit rien qu'en la regardant, se dit Indy.
Il avala sa salive et essaya de se souvenir de ce qu'elle venait de dire.
— Vous êtes sourd? demanda miss Seymour.
— Neuf ans, répondit Indy d'une toute petite voix.
Il dut se racler la gorge pour s'éclaircir la voix avant que les mots n'arrivent à sortir.
— Et en plus il marmonne, fit remarquer miss

Seymour avec désapprobation au professeur Henry Jones.
— Neuf ans. J'ai neuf ans, dit Indy en articulant d'une voix forte.
— Avez-vous envie d'apprendre ? demanda-t-elle en se dirigeant d'un pas rapide vers lui.
— Ça dépend, dit Indy.
— Ça dépend ? répéta-t-elle. Ça dépend de quoi ?
— De ce qu'il y a à apprendre, dit Indy en redressant la tête avec un sourire malin.
Miss Seymour fronça les sourcils.
— Je suis désolée, dit-elle en se tournant vers le père d'Indy. C'est impossible. C'est absolument impossible. Ce garçon est trop jeune. Mes élèves sont des étudiants. Je n'ai jamais enseigné à quelqu'un d'aussi jeune. En fait, je n'ai même jamais *parlé* à quelqu'un d'aussi jeune.
— Anna, demanda le professeur à sa femme, voudrais-tu faire sortir Junior un moment, s'il te plaît ?
Indy ne se le fit pas dire deux fois. Il était enchanté de s'éloigner de cet endroit le plus vite possible.
Miss Seymour le regarda, peinée. Mais bientôt cette peine se transforma en une expression de désir... d'intense désir...
Dehors, dans le couloir, Indy s'assit sur une chaise à dossier haut, pas du tout confortable. Il espérait que

miss Seymour ne changerait pas d'avis et qu'elle refuserait ce travail.

— Ne viens pas avec nous! suppliait-il. Non, ne viens pas!

— Monsieur Jones? appela miss Seymour.

Indy sursauta. Il n'avait pas entendu la porte du bureau s'ouvrir.

— Tenez-vous droit et écoutez bien! Je ne permets pas à mes étudiants de rêvasser.

— V... vos étudiants? balbutia Indy tout en se levant.

— Oui, monsieur Jones. Je serai votre préceptrice pendant les deux prochaines années.

Indy se rassit promptement. Deux ans à lire, étudier, faire ses devoirs, passer des tests, sous le regard bleu acier de miss Seymour? Deux longues années?

— Je ne tiendrai jamais! pensa Indy.

CHAPITRE 2

Dix jours plus tard, Indy se retrouva à bord d'un bateau de croisière en direction du Caire, en Égypte. Dans la petite cabine où la chaleur se faisait étouffante, les seuls bruits que l'on entendait étaient ceux du sifflement des lampes à gaz, des pages d'un livre qu'Indy étudiait en compagnie de miss Seymour, et du craquement du bateau qui tanguait et se soulevait au mouvement des vagues.
A l'extérieur du bateau, le vent mugissait et de gigantesques vagues se fracassaient sur le pont. Durant trois jours entiers, le vent ne cessa de souffler. Puis, alors que le bateau de croisière entrait dans la baie de Biscaye, la tempête sembla redoubler de fureur.

— C'est une sacrée belle tempête, dit Indy rêveusement.
Ce qu'il essayait de dire, c'est qu'il voulait courir sur le pont et sentir les embruns salés sur son visage, essayer de résister au tangage du bateau.
Miss Seymour regarda par-dessus son livre. Elle ne semblait pas très contente de cette interruption.
— Monsieur Jones, si vous vous déconcentrez à cause de ce temps un peu agité, je pense que c'est parce que je n'ai pas réussi à stimuler votre concentration correctement. Par conséquent, au lieu de lire jusqu'à la page 40, vous lirez jusqu'à la page 80.
Indy s'effondra sur sa chaise. Ce n'était pas par dépit, mais parce qu'à ce moment précis le bateau eut une secousse au contact d'une nouvelle vague.
— De la tenue, monsieur Jones, de la tenue! dit miss Seymour.
Elle n'avait pas l'air de se rendre compte que la tempête faisait rage et que les objets ne cessaient de glisser d'un endroit à un autre de la cabine.
— L'Égypte, monsieur Jones, est vraiment un pays remarquable, dit miss Seymour. Son histoire remonte à 3 000 ans avant Jésus-Christ.
En fait, cela ne dura pas toute la nuit. Cela ne dura que toute la journée. Indy ne put quitter la cabine de sa préceptrice que pour se changer avant d'aller dîner.

Indy, sa mère et son père ainsi que miss Seymour s'assirent tous à la table du capitaine, comme tous les soirs, pour le dîner. Il y avait également à cette table trois autres passagers britanniques : monsieur et madame Smythe, un couple d'âge moyen, et un évêque, monseigneur Dollope, un vieil homme très mince.

Après quelques dîners passés avec les autres passagers, Indy commença à mieux comprendre miss Seymour. Il se rendit compte qu'elle n'était pas bizarre ; elle était simplement britannique. Peu importait la violence de la mer, les Britanniques agissaient toujours comme s'il y avait juste un petit problème et rien d'autre. Ils ne montraient aucune émotion. Indy voulut à tout prix faire quelque chose pour les remuer.

— Bonsoir, tout le monde ! Gros temps, capitaine, dit l'évêque, alors que la mer était particulièrement agitée.

Il était le dernier à arriver ; il vacilla sous le mouvement du bateau et se rattrapa au dossier d'une chaise pour ne pas tomber.

— Un peu vigoureux, Monseigneur, dit le capitaine en rattrapant son verre de vin avant qu'il ne tombe à cause du mouvement du bateau.

— J'espère que cela ne gâche pas votre voyage.

— Oh non, bien sûr que non! dit l'évêque en s'asseyant.

Il fit un grand sourire à miss Seymour.

— Nous autres, Britanniques, sommes de race robuste, n'est-ce pas?

Indy regarda la salle à manger et toutes les tables recouvertes d'une nappe de lin blanc. Bien que le bateau fût au complet, la salle à manger était presque vide. La plupart des passagers avaient le mal de mer et n'avaient pas le cœur à manger.

— Eh bien, mon jeune garçon, dit le capitaine en s'adressant à Indy (sa voix était nasillarde), comment vont les études?

— Très bien, Monsieur, merci, répondit Indy poliment.

— Au moins, je n'ai pas encore été tué, pensa-t-il.

— C'est l'essentiel! s'exclama le capitaine en regardant son père et sa mère, puis miss Seymour. Et qu'as-tu appris aujourd'hui?

— J'ai appris que la plupart des pyramides n'avaient pas de sommet, qu'elles étaient plates, dit Indy. C'est parce que le sommet a généralement été usé par le temps.

— Très bien, mon ami, dit le capitaine. Il n'y a rien de plus satisfaisant que de voir un garçon qui aime étudier.

— Merci, Monsieur, répondit-il poliment.
S'il avait à dire encore une fois « Merci, Monsieur », il deviendrait fou à force d'être poli.
— J'ai aussi appris des choses sur les momies, ajouta-t-il.
— Les momies ? répéta le capitaine.
— Oui, Monsieur. J'ai appris comment les Égyptiens, autrefois, momifiaient leurs morts.
— Junior ! rappela à l'ordre le professeur Jones.
Indy entendit l'avertissement de son père, mais il n'y prêta pas attention.
— Vraiment ? dit le capitaine, intéressé. Et comment s'y prenaient-ils ?
— Eh bien... (Indy commença, appréciant pour la première fois le voyage.) D'abord, ils attendaient quelques jours. Le corps devait être mou, vous voyez. Puis ils perforaient le crâne pour en retirer le cerveau.
Madame Smythe s'étrangla, et même la mère d'Indy posa sa cuillère. Mais le capitaine écoutait toujours, et Indy en profita pour continuer.
— Ouais, ils enlevaient le cerveau par le nez. Évidemment, ils devaient d'abord le casser... à cet endroit.
Indy montra le cartilage qui séparait les deux narines.
— Ils utilisaient un crochet en métal, dit-il en

prenant sa fourchette, pour fouiller, en quelque sorte.

— Excusez-moi, dit madame Smythe en se levant et en quittant la table aussi vite que possible.

Indy se demandait s'il arriverait à faire partir toute la tablée. Ce serait vraiment drôle !

— Puis ils prenaient un couteau de pierre, poursuivit Indy, et ouvraient le flanc gauche du corps pour y prendre les organes inférieurs. Tous, sauf les reins. Ensuite, ils ouvraient la poitrine.

Il dessina sur la nappe une ligne droite à l'aide de son couteau.

— Ils retiraient tout, sauf le cœur. Ils nettoyaient tous les organes avec du sel, puis ils les enrobaient d'un liquide visqueux. Comme un papier-cadeau, je suppose.

Monsieur Smythe se leva, tout tremblant.

— Je crois que je devrais aller voir ma femme, dit-il.

Il avait l'air d'être sur le point de tout renvoyer avant dix secondes et il bondit vers la porte.

— Et de deux ! se dit Indy joyeusement.

— Ils mettaient ensuite les quatre organes principaux — le foie, les poumons, l'estomac et les intestins — dans différentes jarres, continua Indy.

Du coin de l'œil, il vit sa mère pousser sa chaise brusquement et quitter la table.

— Après avoir fait cela, ils nettoyaient le corps avec

de l'alcool de palme et des épices; ils le séchaient avec du sel, de la sciure et d'autres choses. Ils attachaient les ongles des orteils et des doigts avec de la ficelle pour qu'ils ne se décollent pas.
Il se tourna vers l'évêque et dit :
— Ils étaient pleins d'égards, vous ne trouvez pas?
Monseigneur Dollope regarda son assiette avec dégoût. Puis il lança un regard froid à miss Seymour et quitta la table.
Maintenant, il ne restait plus qu'Indy, son père, le capitaine et miss Seymour. Indy décida de jeter son dévolu sur miss Seymour.
— Ils bourraient le corps de chiffons imbibés d'huile, puis ils le recousaient. Ils remettaient le nez à sa place et mettaient des petits morceaux de chiffon sous les paupières. Et vous savez ce que j'ai lu aussi, miss Seymour — c'est le plus intéressant : parfois, ils mettaient des petits oignons à la place de ces petits bouts de chiffon !
Cela l'acheva. Miss Seymour posa sa fourchette et partit.
— Évidemment, dit Indy au capitaine, cela n'était que la première étape, l'embaumement. Ils devaient ensuite enrouler le corps dans des bandelettes. Mais cela ne réussissait pas dans tous les cas. La plupart du temps, les momies pourrissaient.
Le capitaine se leva brusquement.

— Je crois qu'on me demande sur le pont, dit-il, et il s'échappa rapidement.

— C'était très intéressant, Junior, dit le professeur Jones.

— Merci, père, répondit Indy en se retenant pour ne pas éclater de rire.

— Minutieux et très vivant, continua le professeur.

— Miss Seymour est une excellente préceptrice, père.

Le compliment était loin d'être sincère.

— Maintenant, finis ton dîner. Mange les tripes que tu as dans ton assiette, dit le professeur Jones tout en prenant un livre dans sa poche. Tu sais sûrement ce que sont les tripes, n'est-ce pas ?

Indiana Jones regarda son père d'un air perplexe.

— De l'estomac, dit le professeur Jones. Plus précisément, la partie musculaire d'un estomac de bœuf.

De l'estomac ! Indiana baissa brusquement les yeux sur son dîner. Soudain, son assiette se mit à danser. Indy sentit son propre estomac se contracter.

Il bondit de sa chaise et s'enfuit de la salle à manger. Il entendait dans son dos son père rire de tout son soûl.

CHAPITRE 3

— Je suis prêt, dit Indy à ses parents une fois que les bagages furent mis dans leur chambre à l'hôtel.
On pouvait apercevoir par les fenêtres de leur suite, située au deuxième étage, la ville du Caire, bruyante d'activité. Des voix étranges et des odeurs insolites piquaient la curiosité d'Indy. Après tant de temps passé à ne voir que de l'eau et miss Seymour, Indy pouvait enfin explorer de nouveaux paysages.
Miss Seymour et lui s'aventurèrent dans les rues sinueuses et les allées du Caire. Quand ils arrivèrent sur la place du marché, surpeuplée, des marchands s'empressèrent autour d'eux. Quelques-uns agitaient des bracelets en or et des bagues. D'autres tenaient des tapis tissés à la main, de la poterie, des

couteaux, des poulets vivants ou morts et les priaient d'acheter quelque chose.

Soudain, Indy resta bouche bée un long moment devant un homme mince qui portait simplement un foulard enroulé sur la tête et un vêtement autour de la taille. La corne dont il jouait avait un son sinistre qui paraissait hypnotiser un cobra de plus d'un mètre de long.

C'était le serpent le plus long qu'Indy ait jamais vu : l'animal venimeux se balançait, puis descendait brusquement au rythme de la musique.

Tout en Égypte était si différent et si excitant ! Indy adorait cela. Ce fut alors qu'il décida que sa vie ne serait faite que de nouvelles aventures.

Les jours suivants, le professeur Jones commença à donner des conférences à l'université. Anna Jones, elle, participait à des réceptions et à d'autres activités sociales. Indy et miss Seymour passaient leur temps à étudier, mais également à visiter les lieux. Un matin, la mère d'Indy lui dit qu'elle quittait Le Caire avec le professeur pour le week-end. Un diplomate britannique les avait conviés à une réception.

— Trouverez-vous, toi et miss Seymour, de quoi vous occuper, mon petit Henry ? demanda-t-elle.
— Pas de problème, dit Indy.

— De quoi s'occuper? pensa Indy. Comment ne serait-il pas occupé, avec toute l'Égypte devant lui!
Le samedi, tard dans l'après-midi, Indy et miss Seymour grimpèrent chacun entre les deux bosses d'un chameau. C'était la première fois qu'ils montaient sur un chameau! Puis ils quittèrent Le Caire pour aller vers l'ouest, vers le désert.
Leur guide était un vieux chamelier édenté qui ne parlait pas un mot d'anglais. De temps en temps, il se tournait vers Indy, qui luttait pour garder son équilibre.
Pendant ce temps, miss Seymour paraissait confortablement installée sur son chameau. Elle ne vacillait pas du tout.
— Comment fait-elle? se demanda Indy.
Au fur et à mesure qu'ils avançaient, Indy s'étonnait de la façon dont le paysage changeait. Près du Caire, la terre fertile était couverte de végétation, irriguée par les eaux du Nil. Ici, alors qu'ils se dirigeaient vers l'ouest, des ondes de chaleur dansaient à la surface du sable. Il n'y avait rien à l'horizon, excepté un palmier ici ou là.
C'était comme s'ils traversaient une ligne imaginaire sur une carte tout aussi imaginaire... passant du vert au brun.
Dans le désert, Indy apprit peu à peu à suivre les mouvements lents et gênants du chameau. La seule

chose à laquelle il n'arrivait pas à s'habituer, c'était l'odeur de la bête.

Finalement, après avoir voyagé pendant plus de deux heures, le guide montra au loin quelque chose du doigt, et cria.

A l'endroit indiqué, Indy put distinguer trois formes triangulaires qui se détachaient dans ce désert si vide.

— Nous y voilà, pensa Indy.

C'étaient les tombeaux des anciens rois, les vestiges de la mémoire des pharaons : les pyramides.

La plus grande était la Grande Pyramide de Khéops. Mais Indy savait bien, d'après ce qu'il avait étudié, que Khéops n'était pas le vrai nom du roi égyptien, ou plutôt du pharaon, qui avait construit ce tombeau. Khéops était le nom grec. En égyptien, il s'appelait Khufu.

Soudain, Indy réalisa que tout ce qu'il avait appris prenait un tout autre sens. Il se mit à réciter en silence sa leçon. Que la Grande Pyramide était un énorme édifice à quatre côtés de mêmes dimensions, c'est-à-dire de près de quinze mètres de hauteur. Qu'elle avait été construite il y a plus de 4 000 ans et que c'était un tombeau destiné à une seule personne, Khufu. Qu'elle possédait des portes et des passages secrets menant à la chambre mortuaire où la momie de Khufu devait reposer. Et, le

plus étonnant, que la pyramide avait été, dans le passé, remplie de toutes sortes de trésors — objets précieux, meubles, vêtements, bijoux —, enterrés avec Khufu pour son bien-être après sa mort.
La Grande Pyramide se trouvait à côté de deux autres pyramides plus petites, qui étaient également des tombeaux. Mais quelque chose l'étonnait plus que tout. Une étrange et énorme statue de la hauteur d'un immeuble de six étages se tenait là, dans toute sa majesté. Son corps était celui d'un lion, mais avec une tête d'homme.
— Le Sphinx, dit Indy, les lèvres sèches.
Pour Indy, le Sphinx était encore plus mystérieux que les pyramides. Personne ne savait vraiment ni pourquoi ni quand il avait été sculpté. D'après miss Seymour, il aurait été probablement sculpté lors de la construction des pyramides.
— Pour garder l'entrée de la vallée du Nil, disait-elle.
Il y avait d'autres sphinx en Égypte, il y en avait beaucoup même! Indy se dit que ce serait merveilleux de les voir un jour.
Sur l'ordre du chamelier, les chameaux s'arrêtèrent pour s'agenouiller sur le sable. Indy sauta de sa monture. Les énormes monuments se dessinaient au-dessus de sa tête. Il ne s'était jamais senti aussi

petit et pourtant il avait le sentiment d'être au sommet du monde. Et il adorait cette sensation.
Le Sphinx semblait regarder vers le bas, comme s'il voulait savoir pourquoi des étrangers venaient déranger le repos du pharaon. Indy baissa les yeux. A ce moment-là, il fut interrompu par des cris. Indy regarda autour de lui et vit le guide qui criait à tue-tête et de façon incompréhensible contre miss Seymour.

— Qu'est-ce qui ne va pas? demanda-t-il.

— Il veut à tout prix me rendre les dix piastres que je lui ai données pour qu'il nous conduise ici, répondit miss Seymour.

— Dix piastres? dit Indy. Mais notre interprète nous avait dit que cela coûterait trente piastres.

— Ces gens-là ne savent que marchander. Cela fait partie de leur nature. Vous allez voir : le temps que nous montions sur la pyramide, il sera tout à fait content, insista miss Seymour.

Indy regarda cet homme qui continuait à crier furieusement et à taper dans ses mains pour expliquer qu'il voulait plus d'argent.

— Je ne sais pas, miss Seymour, dit Indy, mais il semble vraiment furieux.

— Absurde, monsieur Jones.

Elle lui coupa la parole.

— Le temps passe. Allons-y.

A ces mots, elle tourna le dos au chamelier et entraîna Indy vers la Grande Pyramide. Ils étaient si près qu'ils en voyaient à peine le sommet. Puis ils commencèrent à grimper à l'une des petites pyramides voisines. S'agrippant aux pierres, ils grimpaient un pied après l'autre, pierre après pierre.
— Pouviez-vous imaginer que quelque chose d'aussi vieux puisse être aussi beau ? demanda miss Seymour.
Indy secoua la tête.
— Pourquoi on ne monte pas sur la plus grande pyramide, miss Seymour ?
— Je m'estimerai heureuse si j'arrive au sommet de celle-ci, monsieur Jones. Savez-vous quand a été construite la Grande Pyramide ?
Bien sûr qu'Indy le savait. Non seulement il savait l'âge qu'elle avait, mais il savait aussi à quelle dynastie appartenait le roi Khéops (la quatrième), de quel type de pierre étaient constitués les blocs qui composaient la pyramide (du grès et du calcaire), et pourquoi il manquait autant de blocs (ils avaient été volés par d'anciens constructeurs pour faire des ponts et d'autres monuments). Indy récita tout cela à miss Seymour.
— Très impressionnant, dit-elle en le regardant d'un air approbateur.
La seule chose qu'Indy ne savait pas était comment

les Égyptiens de cette époque étaient arrivés à déplacer des blocs de pierre aussi lourds. Chacun pesait au moins deux tonnes et demie. Le mystère de la construction de ces pyramides était quelque chose que même miss Seymour ne connaissait pas. Il fallut à Indy et miss Seymour jusqu'au coucher du soleil pour atteindre le sommet de la pyramide. Puis ils restèrent là, à regarder le désert sans fin qui s'étalait sous leurs pieds.

— C'est une vue qui vaut la peine qu'on l'attende toute une vie, dit miss Seymour.

— Je suppose que le roi Khéops devait être très vieux quand ils ont terminé la construction de la Grande Pyramide, dit Indy.

— Quelques pharaons vivaient très vieux. Ramsès II a vécu plus de quatre-vingt-dix ans.

— Je suis sûr qu'on l'a transporté ici à cet âge-là, se dit Indy.

— D'autres étaient des enfants, pas plus vieux que vous, monsieur Jones, dit miss Seymour.

— Ça devait être formidable d'être un pharaon, dit Indy avec mélancolie.

— Si vous regardez la forme de la pyramide, vous comprendrez pourquoi certaines personnes pensaient qu'elle symbolisait les rayons du Soleil qui illuminaient la Terre...

Mais Indy n'écoutait plus. La voix de miss Seymour

se perdait dans le vent alors qu'il imaginait la vie d'un pharaon.
Il se vit, debout, au sommet de la Grande Pyramide, vêtu de vêtements blancs incrustés d'or véritable et portant la couronne du roi. Il tenait la crosse et le fléau sacrés — un long bâton et un petit fouet — croisés sur sa poitrine, comme les pharaons qu'il avait pu voir dans des livres qu'il avait lus.
A ses pieds, des dizaines de milliers d'hommes et de femmes le regardaient avec le respect que l'on porte à son pharaon — Pharaon Indiana. Des milliers de soldats levaient leurs armes d'or et le saluaient tout en l'acclamant très fort. Mais il était si haut que ces acclamations ressemblaient à un vague murmure.
Pharaon Indiana leva les bras vers le ciel, puis pointa son doigt vers le bas, en direction de ses sujets qui étaient prêts à mourir pour lui.
Mais l'un de ses sujets semblait s'enfuir. A ce moment-là, Indy revint à la réalité. Il dit en montrant du doigt :
— Regardez, miss Seymour! Le chamelier s'en va!
— Oh, mon Dieu! Et il prend *nos* chameaux!, cria miss Seymour.
Indy commença immédiatement à descendre tant bien que mal de la pyramide.
— Hé, attendez! hurla-t-il au chamelier. Ne nous laissez pas!

Mais Indy savait que c'était peine perdue. Le sale individu avait délibérément attendu qu'ils soient arrivés au sommet de la pyramide pour leur fausser compagnie. C'était sa façon de dire à miss Seymour qu'il n'était pas content de ses dix piastres.
Un des pieds d'Indy dérapa sur la surface rugueuse de la pyramide. Quand il fit un mouvement pour s'agripper, les angles des blocs en grès lui écorchèrent les mains.
Enfin, il atteignit le pied de la pyramide, essoufflé et tout en nage. Mais la seule chose qu'il put faire était de regarder, impuissant, le chamelier, les chameaux, les gourdes d'eau et les vivres disparaître dans le désert.
Vingt minutes plus tard, miss Seymour arriva en bas et s'écroula sur le sable, ne se tenant plus sur ses jambes, épuisée.
— Oh, mon petit, dit-elle d'une voix faible.
— Je suppose qu'il n'était pas vraiment content, en fin de compte, dit Indy d'une voix innocente. Maintenant, nous n'avons plus qu'à marcher.
— Marcher? Jusqu'au Caire? dit miss Seymour. Oh non! Jamais nous ne pourrons...
Elle ne termina pas sa phrase, mais Indy connaissait la fin. Jamais ils ne pourraient y arriver. Ils étaient bloqués en plein cœur du désert, seuls. Subitement, tout lui parut différent, quelque peu effrayant.

Miss Seymour nota l'expression que prenait le visage d'Indy et s'éclaircit la voix.
— Ce que je voulais dire, c'est qu'il serait stupide de notre part de partir maintenant alors qu'il va bientôt faire nuit.
C'était vrai. Le désert, qui normalement était jaune d'or, prenait une couleur grisâtre. Et au fur et à mesure que le soleil disparaissait, les ombres des pyramides devenaient plus sombres, plus longues. Indy les regarda attentivement. Elles paraissaient se déplacer lentement vers lui, comme si elles essayaient de l'atteindre.
— Nous ne pouvons pas rester ici toute la nuit, dit Indy, essayant d'avoir l'esprit pratique. Qu'est-ce qui arriverait si l'on se faisait attaquer par des bandits ou des pilleurs de tombes ? Ces gens-là ne travaillent pas pendant la journée, vous savez. Ils travaillent la nuit, et s'ils nous trouvent ici, ils nous couperont les bras et les jambes, un par un, et sous nos yeux. Nous sommes une cible idéale. C'est comme ça qu'on dit en Amérique, miss Seymour.
— Henry, dit-elle d'une voix coupante, écoutez-moi bien. Il n'y a absolument pas de quoi avoir peur ! Vous êtes de sang britannique. Tâchez de ne pas l'oublier !
— Je parie que cela ne fera aucune différence que je sois de sang britannique ou américain, quand les

bandits m'arracheront les bras et les jambes, dit Indy.
Il plaisantait toujours quand il avait vraiment peur.
— Oh, taisez-vous un moment, Henry, et laissez-moi réfléchir !
Elle s'assit sur le sable, adossée à la pyramide.
— Miss Seymour, quelqu'un approche, dit Indy, scrutant les ombres qui s'allongeaient.
Son cœur se mit à battre rapidement alors qu'il écarquillait les yeux pour voir ce que cela pouvait être. Des pilleurs de tombes ? Des bandits ?
— Et si c'était quelqu'un qui venait pour nous tuer ?
Miss Seymour nota à sa voix qu'Indy avait peur. La seule chose qu'il se rappela ensuite fut d'avoir vu miss Seymour se lever et le prendre dans ses bras pour le serrer très fort en signe de protection.
— Henry, c'est votre imagination qui vous joue des tours. Il n'y a personne, dit-elle en essayant d'avoir l'air tranquille.
— Non, ce n'est pas mon imagination, dit Indy brusquement.
Il jeta un coup d'œil furtif par-dessus les longues manches plissées de miss Seymour.
— Miss Seymour, regardez ! C'est un type à bicyclette !

CHAPITRE 4

Indy et sa préceptrice aperçurent un nuage de poussière qui avançait dans le désert. Au fur et à mesure que le nuage approchait, on pouvait distinguer une forme qui bougeait. Une seule forme, un homme avec un foulard enroulé autour de la tête pour se cacher le visage.
— Il est sur une bicyclette ! s'exclama miss Seymour. C'est vraiment stupéfiant !

L'homme à bicyclette s'arrêta à une dizaine de mètres d'eux. Il posa sa bicyclette sur le sable et se tint là, immobile, le vent frappant ses vêtements. Il n'était pas très grand et ne paraissait pas très costaud sous son large pantalon kaki et sa chemise aux

multiples poches. Le long foulard blanc enroulé autour de la tête lui cachait tout le visage, sauf ses yeux gris qui, malgré la nuit noire, étaient brillants, perçants et en alerte.
Lorsqu'il leva lentement les mains, miss Seymour se figea un peu plus, protégeant Indy.
— Un petit problème ? demanda l'homme avec un fort accent britannique.
Il les rejoignit, puis, d'un geste théâtral, ôta son foulard.
Indy aperçut tout d'abord une chevelure blonde, presque blanche. Puis il vit le beau visage fin d'un homme d'une vingtaine d'années.
— Monsieur Lawrence ! s'écria miss Seymour.
— Salut, miss Seymour ! répondit le jeune homme.
Il se mit à rire de la surprise qu'il avait causée à son professeur.

C'était incroyable ! En plein cœur du désert égyptien, un homme conduisait une bicyclette et, en plus, il connaissait miss Seymour !
Miss Seymour se racla la gorge pendant que l'homme approchait.
— Monsieur Henry Jones Junior, de Princeton, dans le New Jersey. Monsieur T.E. Lawrence, de Jesus College, à Oxford. C'est l'un de mes meilleurs

étudiants. Je mets tous mes espoirs en lui pour qu'il devienne un jour quelqu'un.

— Enchanté, Monsieur, dit Indy. Comment allez-vous ?

— Tout va comme sur des roulettes, merci, dit le jeune homme tout en levant les sourcils d'un geste rapide. Appelez-moi Ned. Vous n'êtes pas de la famille du professeur Henry Jones, par hasard ?

— C'est mon père, dit Indy.

— Quelle chance ! dit Ned Lawrence. J'ai lu tous ses livres. Ils sont formidables. Miss Seymour est votre préceptrice maintenant ?

Indy acquiesça comme à regret.

— Vous en avez de la chance ! dit Ned tout en lui donnant une grande tape dans le dos.

Indy était sur le point de protester vigoureusement, mais quelque chose l'en empêcha. Se pourrait-il que cet homme ait raison ?

— Au nom du ciel, que faites-vous ici ? demanda miss Seymour.

Lawrence sourit et chassa d'un geste de la main le sable qui s'était déposé sur ses vêtements.

— J'étais en Syrie, miss Seymour, pour voir les châteaux des croisés[1]. C'est vraiment fascinant ! Et j'ai pensé faire un petit tour en Égypte avant de retourner chez moi.

1. Croisés : ceux qui participaient à des croisades.

Il regarda autour de lui comme s'il mettait à exécution ce qu'il venait de dire. Puis, soudain, il réalisa qu'Indy et miss Seymour se tenaient là, solitaires : pas de guide, pas de chameaux. Coincés.
— Que vous est-il arrivé, à vous deux ?
— Ce n'est pas trop tôt, se dit Indy.
— Nous avons eu une petite altercation avec notre guide, dit miss Seymour.
— Il s'est enfui avec nos chameaux, traduisit Indy.
— Ça arrive parfois, dit Lawrence en esquissant un sourire. Plus rien à craindre. Vous aurez plein de chameaux ici dès demain matin.
— Mais qu'allons-nous faire ? s'écria miss Seymour.
— Quoi, vous voulez dire *maintenant* ? demanda Ned.
— Oui ! dit-elle d'une voix autoritaire, totalement excédée.
— Bien, voyons, dit Ned en regardant autour de lui. Je dirais... faire attention de ne pas attraper froid !
— Formidable, pensa Indy, sauf pour un point. Que va-t-on manger ? Des sandwiches ?

Ils se dispersèrent pour rechercher quelques brindilles, de quoi allumer un feu. Mais ce qu'ils trouvaient surtout, c'étaient de gros morceaux d'écorce de palmier et les restes d'une brosse dure qui avait été apportée là par le vent venant de la vallée du Nil.

Prêts pour explorer le monde ! Indy, ses parents et miss Seymour, sa préceptrice, posent pour la photo avant de s'embarquer pour l'Egypte.

ıdy apprécie sa première promenade à chameau, mais supporte ifficilement l'odeur de la bête.

A leur arrivée au camp de Howard Carter, près de la vallée des Rois, Ned Lawrence, miss Seymour et Indy sont accueillis par Rachid Sallam, le meilleur ami de Ned.

Rachid ordonne à Bassam Ghaly, le chef d'équipe, de forcer ses hommes à reprendre le travail, même s'ils croient que le tombeau est frappé par la malédiction.

Au début, Howard Carter, le célèbre archéologue, refuse qu'Indy l'accompagne dans le tombeau récemment découvert.

Pierre Duclos, Indy et miss Seymour osent entrer dans le tombeau malgré la malédiction annoncée par les hiéroglyphes.

Indy et miss Seymour courent pour échapper à l'air empoisonné du tombeau.

Démétrios, l'expert en démolition (au centre), et les travailleurs égyptiens furent pris de panique dès qu'ils virent le corps calciné de Rachid.

Indy recule. Il sent quelque chose de fin et d'aiguisé qui s'enfonce dans son dos. Il frissonne. C'est la momie !

Ned prend la petite pièce en forme de T qu'Indy a trouvée dans le tombeau — celle qui est de l'avis de tous l'arme du crime — et la place dans le déconstour

— Quelle aventure ! pensa Indy tout en cherchant de quoi faire du feu. Dormir près des pyramides ! Indy se dit qu'il n'avait jamais rencontré quelqu'un d'aussi passionnant que ce Ned Lawrence.

Un peu plus tard, Indy, miss Seymour et Ned se trouvaient assis autour d'un petit feu de camp. Indy regardait l'ombre des flammes danser sur le visage de Ned. Bien qu'il fût presque minuit, Indy n'avait pas sommeil et écoutait tout ce que disait cet homme surprenant. Indy était certain que même les étoiles qui brillaient dans le ciel noir, au-dessus du désert, écoutaient, hypnotisées par la voix de Ned alors qu'il racontait des histoires invraisemblables à propos des tombeaux des pharaons.
— Le temps s'arrête quand on est à l'intérieur d'une pyramide, disait Ned, attisant le feu avec un petit bout de bois. Le temps n'a pas de sens. Quand on ouvre un tombeau, la lumière y pénètre — la première lumière depuis trois ou quatre mille ans. Nos pieds sont les premiers à fouler le sol après ceux des hommes qui ont construit la pyramide et ceux qui l'ont refermée après y avoir déposé le corps de leur roi. On peut même apercevoir leurs traces de pas dans la poussière.
— Mince ! dit Indy.
Il ferma les yeux et imagina une procession d'Égyp-

tiens tenant à la main des torches allumées et transportant le corps momifié, embaumé, de leur pharaon, pour l'allonger délicatement dans le cercueil qu'ils enfermaient à l'intérieur du sarcophage.
— C'est comme si tout s'était passé la veille! continua Lawrence. On voit une trace de doigt sur une peinture, une guirlande de fleurs séchées tombée par terre. On respire le même air que ceux qui ont amené la momie vers sa dernière demeure...

— J'aimerais beaucoup faire tout ça quand je serai grand, dit brusquement Indy.
Ned sourit.
— Tu aimerais donc être archéologue, un jour!
— Oui, si c'est le nom qu'on donne à la personne qui fait tout ça : déterrer des morts, des trésors ensevelis, et tout et tout.
— Il vous faudra étudier longtemps pour y arriver, vous savez, dit miss Seymour.
Elle était assise face à Indy, son dos appuyé contre la base de la pyramide. Ses paupières se fermaient de fatigue. En fait, avant qu'elle ne parle, Indy pensait qu'elle était endormie.
— Je suis sûre que Henry n'a pas peur des études, dit Ned. Il ajoutera peut-être une page à l'Histoire ou découvrira un trésor inestimable.
— Et je deviendrai riche, dit Indy.

— Non, Henry, dit Ned. Les archéologues ne deviennent jamais riches. Pas dans le sens où tu l'entends. Un archéologue ne vole pas le passé pour son propre bénéfice. Il ouvre la porte du passé pour que tout le monde puisse profiter de ses trésors.

Le feu craqua soudain, projetant de petites étincelles dans l'air.
— Comment est-ce à l'intérieur d'un tombeau ? demanda Indy. Pourquoi est-ce qu'ils y mettent tous ces meubles, assiettes, bols et tous ces bijoux ? Ils n'avaient pas *vraiment* besoin de tout ça !
— Bien sûr que non, dit Ned. Mais les Égyptiens croyaient que l'esprit restait dans le tombeau et avait besoin de nourriture, de vêtements, d'un abri tout comme chacun de nous.
— Vraiment ?
— Vraiment.
— Et c'est vrai ?
— Non, Henry, dit miss Seymour. Ce n'est pas vrai. Mais c'est ce que les anciens Égyptiens croyaient.
Indy garda le silence pendant quelques minutes. Il regarda les flammes et imagina l'esprit d'une momie sortant de son cercueil et errant dans son tombeau.

— Qu'est-ce qui arrive quand on meurt? demanda-t-il enfin, attendant une réponse de la part de Ned.
— Vous le savez bien, dit miss Seymour.
— Vous voulez dire que si on est gentil notre âme va au paradis avec les anges et tout et tout? dit Indy, répétant ce que sa mère lui avait enseigné.
— C'est ce que croient les chrétiens, dit Ned, s'allongeant sur le dos pour regarder les étoiles. D'autres donnent des explications différentes.
— Comme quoi?
D'un bond, Ned se rassit, comme s'il s'attendait exactement à ce qu'Indy pose cette question.
— Eh bien, je vais te dire. Un bon musulman, lorsqu'il meurt, va au paradis, qui est, d'après le prophète Mahomet, un endroit merveilleux, surtout quand on est un homme. Un hindou, par contre, eh bien! croit en la réincarnation.
— Qu'est-ce que c'est?
— Cela veut dire que quand le corps meurt, l'âme réapparaît dans un autre corps et revit. C'est un circuit sans fin.
— Toujours la même âme?
— Oui, dit Ned.
— Mais dans des corps différents? demanda Indy.
— Oui. Pour les hindous, la vie est sacrée sous toutes ses formes, du plus petit être vivant au saint homme, répondit Ned.

Il s'adossa et regarda le ciel tout noir, puis Indy à nouveau.

— D'où vient-on ? Où allons-nous ? C'est l'un des plus grands mystères — et la base de toutes les grandes croyances. C'est pourquoi pratiquement toutes essaient de donner une réponse à ce qui arrive après la mort.

La tête d'Indy explosait presque avec toutes ces idées : le ciel ; le paradis ; la réincarnation.

— Mais laquelle est la vraie ? demanda-t-il enfin.

Ned rit et frotta ses mains l'une contre l'autre dans le sable.

— Personne n'est venu nous le dire. Mais, Henry, si tu rencontres un soir une momie, demande-le-lui !

— Est-ce que vous avez bien dit : *rencontrer* une momie et lui *demander* ? demanda Indy, la gorge serrée.

— Oui, Henry, dit Ned à voix basse. Lorsque l'esprit d'une momie revient au coucher du soleil et pénètre dans son corps tout flétri, elle se lève lentement de son cercueil tout poussiéreux et s'éloigne sans bruit dans l'obscurité...

Ned se leva lentement et marcha en direction d'Indy. Juste à ce moment-là, un chacal hurla de faim dans le lointain.

— Et, continua Ned, si par chance tu entends le bruit de sa démarche traînante sur le sable — chhh-chhh-chhh (il était à quelques pas d'Indy, droit et les bras levés) — si tu rencontres cette momie flottant à la surface du sable, peut-être pourra-t-elle te donner la réponse, Henry. Mais seulement si tu retournes avec elle dans son tombeau.
Indy essaya de parler, mais sa langue était paralysée. Des momies qui reviennent à la vie! Quelle idée merveilleuse et horrible à la fois!
— Monsieur Lawrence, je vous en prie! dit miss Seymour sur un ton de reproche. Soyez gentil, ne remplissez pas la tête de ce garçon avec toutes sortes de superstitions!
— Est-ce que ce n'est que de la superstition? demanda Indy dans un souffle.
Ned s'allongea sur le sable.
— Je ne peux le dire, dit-il mystérieusement. Mais que penserais-tu de le découvrir par toi-même?
— Que voulez-vous dire? demanda Indy.
— Je vais remonter la rivière lundi pour aller à un endroit qui se situe près de la Vallée des Rois. Un de mes amis y fait des fouilles en compagnie de Howard Carter. Carter est un formidable archéologue. Nous découvrirons peut-être un tombeau. Et

tu pourrais être le premier à y entrer, mon jeune ami. Qu'est-ce que tu en penses ? Tu veux venir ?
Indy, déjà, laissait libre cours à son imagination, il voyait une entrée sombre et profonde qui menait à un tombeau, le sarcophage poussiéreux à l'intérieur d'une pièce éclairée par la lumière des torches, l'impression de se sentir épié à chaque mouvement.
— Est-ce qu'on peut y aller, miss Seymour ? pria Indy.
— « Pouvons-nous », le corrigea-t-elle sévèrement.
— Pouvons-nous ? Pouvons-nous y aller ?
Miss Seymour hocha la tête d'un air incertain.
— Votre père doit vous donner sa permission.
— Il me la donnera ! s'écria Indy. Je le sais — tant que nous ne lui dirons pas que nous avons passé la nuit à la Grande Pyramide.
— Nous devons le lui dire, s'il nous le demande, dit miss Seymour, la crainte dans son regard.
— Oui, dit Indy. Mais il ne nous le demandera pas... n'est-ce pas ? Je veux dire que lui et mère sont partis du Caire. Ils ne savent même pas où nous sommes allés.
— Je suppose que non, approuva miss Seymour. Puis elle se tut, plongée un moment dans ses pensées.

— Peut-être serait-il préférable de ne jamais parler de cet épisode, monsieur Jones.
Elle lui lança un rapide petit sourire.
— Je ne dirai rien si vous ne dites rien non plus, promit Indy d'un air radieux.

CHAPITRE 5

— Henry, tu m'as tellement manqué! dit sa mère en entrant à l'hôtel, tard le lendemain.
Elle l'embrassa.
— Est-ce que nous t'avons manqué aussi pendant notre absence?
Indy répondit en étreignant sa mère. A ce moment-là, du sable provenant de tous les plis et replis de ses vêtements tomba sur le tapis.
— Heu, en fait, mère, miss Seymour et moi avons été tellement occupés que j'avais presque oublié que vous étiez partis, dit Indy. Vous ne pouvez pas imaginer tout ce qu'il y a à voir par ici.
Il quitta les bras de sa mère et accourut tout droit vers son père, qui s'était déjà assis à son petit bureau.

— Père, pourrais-je aller à la Vallée des Rois, s'il vous plaît ?
— Où ? demanda le professeur Jones, le regardant avec intérêt.
— La Vallée des Rois, répéta Indy. Voilà. Nous sommes allés à la Grande Pyramide hier et l'homme le plus surprenant que j'aie rencontré est arrivé à bicyclette. Il s'appelle Ned Lawrence et c'est un étudiant de miss Seymour. Il sait tout sur l'archéologie et la vie dans le désert. Il a dit qu'il nous emmènerait moi et miss Seymour à la Vallée des Rois pour voir un vrai site archéologique. Et nous pourrons rencontrer Howard Carter et même découvrir une vraie momie !
— Henry ! commença sa mère sur un ton de reproche.
Cependant, le professeur Jones l'interrompit :
— Par Jupiter ! Je n'arrive pas à croire la chance que tu as, Junior.
— Vous voulez dire que je peux y aller ? Que j'ai le droit d'y aller ? dit Indy.
— Bien sûr que tu as le droit, Junior, dit le professeur Jones. Carter est le meilleur. Et de plus, ta mère et moi allons être occupés par mes conférences à l'université. Toi et miss Seymour partirez là-bas.
— Merci, père ! dit Indy.
Il en criait presque de joie.

— Junior, il y a quelque chose que je veux que tu prennes avec toi, dit le professeur Jones.

Il prit un petit carnet dans un tiroir de son bureau et le tendit à son fils.

Indy prit le carnet précautionneusement, comme si c'était un trésor. Il était très beau. C'était un carnet neuf dont la reliure rouge marbré était recouverte, aux coins comme au dos, de cuir rouge. Les pages étaient en papier vélin couleur crème. Ce carnet ressemblait énormément au journal que le père d'Indy tenait et dont il ne se séparait jamais.

— Tu y écriras tout ce que tu vois, sens ou goûtes, et même ce que tu penses, lui dit son père. Cela pourra te servir un jour. Tout ce qui t'intéresse ou te surprend, mets-le dans ton journal.

— Merci. Je le ferai, dit Indy doucement.

Il se dirigea vers la porte.

— Et ne néglige pas tes études, Junior! rappela le professeur Jones.

— Non, Monsieur, dit Indy.

Il hocha la tête d'un air sérieux.

Indy attendit d'être dehors, dans le couloir. Puis il cria « Youpiiiiii! » et se mit à danser gaiement.

Il traversa le couloir à toute vitesse jusqu'à la chambre de miss Seymour et frappa à la porte. Il eut l'impression d'attendre une éternité. Elle répondit enfin :

— Entrez!
— Miss Seymour, dit Indy, tout excité, mon père nous a permis d'y aller!

Un instant, un trop court instant, Indy vit ses yeux briller à l'idée de cette aventure. Puis elle redevint sévère et autoritaire.

— Nous devons commencer à préparer nos bagages, monsieur Jones.

Puis elle posa sur son lit une valise vide.

— Très bien, dit Indy, se dirigeant vers la porte.

Mais quelque chose le préoccupait. Pourquoi miss Seymour prenait-elle toujours cet air guindé? Pourquoi l'appelait-elle monsieur Jones? C'était assez dur de s'entendre appeler Junior par son père et Henry par sa mère. N'y avait-il personne pour l'écouter?

Il se retourna vers sa préceptrice.

— Heu, miss Seymour, peut-être pourriez-vous m'appeler Indiana?

Miss Seymour lui lança un regard perplexe.

— Indiana? dit-elle.

— Je veux que les gens m'appellent Indiana, c'est tout, dit Indy.

— N'êtes-vous pas né dans le New Jersey? demanda miss Seymour.

— Si, Madame, dit Indy.

— Bien, je suppose que si je vous appelais New Jersey, vous trouveriez cela singulier, dit-elle.

— Ce n'est pas l'État dont je parle, dit Indy. Indiana est le nom de mon chien. Et il me manque beaucoup.

Miss Seymour ne dit rien. Indy en fut soulagé. Au moins, elle ne le critiquait pas.

— Tu te sens *très loin* de chez toi, n'est-ce pas? dit-elle.

— Oui, Madame, répondit Indy.

Miss Seymour resta silencieuse un long moment tout en faisant sa valise. Puis elle dit :

— J'ai bien réfléchi à votre demande, monsieur Jones, et j'ai bien peur de ne pouvoir vous appeler Indiana. Ce ne serait pas digne... Je suis désolée. Maintenant, comme vous pouvez le constater, j'ai presque terminé mes bagages. Il est temps que vous fassiez de même.

Découragé, mais non surpris, Indy quitta la pièce. Tôt le lendemain, Indy et miss Seymour descendirent les escaliers en courant à la rencontre de Ned, qui attendait avec un attelage. Mais une fois miss Seymour et Indy assis, Ned resta dehors pour dire quelques mots au cocher. Il referma ensuite la portière derrière eux.

— Ne vous joignez-vous pas à nous, monsieur Lawrence? demanda miss Seymour.

Ned fit un rapide clin d'œil à Indy.
— Je vous rejoindrai le plus vite possible, promis.
Puis il enfourcha sa bicyclette et partit. L'attelage fit de même quelques instants plus tard.
— Est-il obligé de conduire aussi vite? se plaignit miss Seymour.
L'attelage allait à toute vitesse dans les rues du Caire, faisant rebondir les passagers sur leurs sièges comme des ballons.
— Je parie que ce type n'a jamais été défié dans une course de chevaux, répondit Indy tout en priant pour rester en vie.
Tous les mots étaient interrompus par des secousses.
— Ni dans une course de bicyclettes!
Il tendit son cou pour essayer d'apercevoir Ned.
— Il est en train de gagner! cria Indy.
Ned pédalait comme un fou devant l'attelage. Lorsque le cocher arrêta enfin son cheval, épuisé et dérouté, sur le port du Caire, Ned y était déjà, penché nonchalamment sur sa bicyclette.
— Il n'y a rien de mieux qu'un petit exercice matinal, dit-il gaiement en bondissant pour ouvrir la portière à Indy et miss Seymour.
— Peut-être que la prochaine fois, dit miss Seymour sur un ton impérieux, je prendrai la bicyclette.
Ned l'aida à descendre de l'attelage, tout en riant et

en lançant un petit clin d'œil à Indy. Puis il posa sa main sur son épaule.
— Venez. Allons nous renseigner à propos des billets et du premier bateau à vapeur en partance pour Thèbes. Thèbes était l'ancienne capitale d'Égypte. Il n'en reste rien, à part des ruines de temples et de monuments. La ville qui s'est construite sur ce site s'appelle Louxor. La Vallée des Rois n'est pas très loin de là.
— Je garde les bagages, dit miss Seymour en s'asseyant sur un tronc et en ouvrant son ombrelle pour se protéger du soleil.
Ned se dirigea vers le guichet principal, une petite cabane en bois qui était dans un coin du port, au bord de l'eau.
— Bonjour, dit Ned à l'homme qui était au guichet, en essayant de trouver une petite place pour Indy. Le guichetier était vêtu d'un costume à l'européenne et devait peser au moins cent cinquante kilos. Le guichet prenait presque toute la place, et lui de même.
— Que puis-je faire pour vous? demanda le guichetier.
— Nous voudrions réserver trois places sur le premier bateau à vapeur en partance pour Thèbes, dit Ned.
— Ce serait le *Aquard*. Part jeudi.

— Jeudi ? C'est dans trois jours, pensa Indy.
Ned eut la même réaction.
— Y a-t-il un autre bateau qui part plus tôt ? demanda Ned.
— Un *dhow*, dit l'homme en riant. Il y en a toujours un au départ.
— Trois billets, dit Ned en mettant l'argent sur le comptoir.
— Monsieur, savez-vous que la plupart des passagers sont des poules et des moutons ? Est-ce que vous savez ce qu'est un *dhow* ?
Ned prit une grande respiration et dit :
— Un grand bateau avec un grand arc et un mât très élevé où il y a une énorme voile. C'est un cargo ; on l'utilisait honteusement à l'époque de l'esclavage.
— Je vois que vous savez, dit l'homme. Mais êtes-vous certain de vouloir voyager sur ce bateau avec le gamin ? Thèbes est à plus de 700 kilomètres d'ici.
Ned prit Indy par les épaules et le secoua en riant.
— Ça, Monsieur, ce n'est pas un gamin, c'est un apprenti archéologue !
Indy rayonnait de bonheur.
— Il m'a l'air d'un gamin, grommela l'homme, et il tendit à Ned trois billets.
En moins d'une heure, Indy, miss Seymour et Ned s'étaient installés sur le pont surpeuplé du bateau. Indy se jucha sur un cageot, alors que Ned et miss

Seymour trouvèrent une place sous l'arc. Indy regarda sa préceptrice ouvrir son ombrelle pour se protéger du soleil brûlant.
— C'est drôle, pensa-t-il, elle paraît aussi confortablement installée ici que sur le bateau de croisière en plein milieu de la tempête.
Miss Seymour ignora les poules qui n'arrêtaient pas de glousser. Alors que le *dhow* voguait paresseusement le long du Nil, elle ouvrit un livre et se mit à lire. Néanmoins, de temps en temps, elle levait les yeux et regardait pensivement le paysage qui se composait d'une bande de végétation luxuriante de part et d'autre du Nil. Puis elle s'assurait qu'Indy étudiait bien.
Le garçon essayait de se concentrer sur son livre d'histoire ouvert sur ses genoux. Le livre parlait de Napoléon, le grand empereur français. Il y avait plus de cent ans, alors qu'il n'était encore qu'un général, Napoléon entrait en Égypte et envahissait Le Caire. Il avait fait venir des archéologues et des érudits pour remettre à jour l'étude sur les anciennes reliques.
Mais Napoléon était mort depuis quatre-vingt-sept ans, alors que les femmes en longue robe lavant leur linge sur les bords du Nil, les enfants nus nageant dans le fleuve et les hommes qui pêchaient étaient

tous bel et bien vivants. Et c'était merveilleux de voir tout cela au passage du *dhow*.

Le fleuve étonnait Indy, il était si calme et son cours si régulier ! A certains endroits, il était si étroit que le *dhow* passait tout près des berges. Indy pouvait alors voir un crocodile qui paressait au soleil, ou bien des champs de coton.

Indy fit même un signe de la main à quelques personnes, qui lui répondirent. Peut-être pensaient-elles qu'Indy était tout aussi différent et intéressant à observer.

Indy se plongea à nouveau dans son livre. Soudain, il s'aperçut que quelqu'un, l'un des grands marins arabes, se tenait juste à ses côtés. D'autres marins s'étaient approchés silencieusement et regardaient attentivement Indy.

Puis l'homme parla à Indy en arabe. Sa voix était étrange, quelque peu irritée.

Que voulait-il ? Que disait-il ? Indy ne comprenait pas, mais même si cela avait été le cas, il n'aurait pu dire un mot. Le fait de ne pas connaître la langue de cet homme effraya Indy. Il se sentit soudain seul. L'homme se pencha et répéta ce qu'il venait de dire. Mais Indy était incapable de comprendre ou même de répondre. Il resta assis, fixant son livre, et priait pour que l'homme s'en aille.

— Il veut savoir ce que tu es en train de lire, dit Ned, venant à sa rescousse.

— Oh, ce n'était que cela?

Indy se détendit un peu en sentant Ned à ses côtés.

— C'est un livre sur Napoléon, dit-il à Ned. *Elle* m'a dit que je devais le lire en entier.

Ned rit, puis se tourna vers l'Arabe et le regarda droit dans les yeux.

— *Inahu yak'ra 'an hyat al-muharybin al-akwiya*, dit Ned.

Indy le regarda, ébahi; sa bouche était grande ouverte. Y avait-il quelque chose que T.E. Lawrence ne connaissait pas? Indy n'aurait pas dû s'étonner que Ned parlât si bien cette langue. En effet, Ned semblait adorer tout ce qui concernait la culture arabe. Il s'habillait même la plupart du temps comme un Arabe.

— Je lui ai dit, expliqua Ned en se tournant vers Indy, que tu lis un livre sur la vie d'un grand guerrier.

Le marin, qui souriait maintenant, s'approcha d'Indy. D'une de ses grandes mains, il leva la tête d'Indy jusqu'à ce qu'ils puissent se regarder dans les yeux.

— *Qadamah mawthu'a datiyah tarik Allah*, dit l'homme.

— Qu'a-t-il dit ? demanda Indy en regardant Ned du coin de l'œil.

— Il a dit que tes pieds étaient sur le sentier qui mène à Dieu. Ces gens sont des sages, tu vois. Ils apprécient le savoir plus que tout le reste.

Le marin du *dhow* sourit à Indy comme s'il était un prix Nobel. Indy se sentit rougir, non seulement de l'attention qu'on lui portait, mais également parce qu'il avait honte de s'être montré effrayé.

Lawrence échangea à nouveau quelques mots avec l'Arabe. Puis il traduisit à Indy, qui écoutait attentivement, mais qui se sentait extrêmement frustré.

— Je lui ai dit : « La paix soit avec toi, mon père ! » Et il m'a répondu : « Et avec toi, jeune seigneur à la chevelure chatoyante ! »

Indy sourit à l'Arabe. Les choses étaient tellement plus faciles quand on savait ce que les gens disaient !

CHAPITRE 6

Le *dhow* vogua pendant des jours et des jours, se rapprochant peu à peu de la Vallée des Rois. Indy s'agitait de plus en plus et se sentait prisonnier de ce bateau. Il était las d'étudier et impatient de poser les pieds sur la terre ferme. Il se rendait compte que Ned était dans le même état que lui. Trop souvent, lui et Ned échangeaient des regards qui disaient : « Ce bateau ne pourrait-il pas aller plus vite ? »

Miss Seymour, par contre, paraissait très bien s'accommoder du voyage. Indy devait admettre qu'elle ne se plaignait jamais à propos de quoi que ce soit — ni du manque de confort, ni même de la chaleur.

— Elle a presque l'air d'aimer cela ! pensa Indy.
Un après-midi, Indy entendit Ned parler de nouveau aux Arabes.
— Où avez-vous appris à parler l'arabe ? demanda Indy, impressionné.
— J'ai commencé chez moi, mais je n'arrivais pas à faire beaucoup de progrès ; alors je suis venu ici, dit Ned.

Il grimpa et s'assit sur le cageot, près d'Indy.
— Henry, m'en voudrais-tu énormément si je te donnais un conseil ?
Indy fit rapidement signe que non. En vouloir à Ned de lui donner un conseil ? Il plaisantait sûrement ! Indy acceptait tout de T.E. Lawrence !
— Eh bien, voilà : partout où tu iras, Henry — n'importe quel pays que tu visiteras —, commence par apprendre la langue du pays. C'est la clef qui t'ouvrira toutes les portes. Tu dois d'abord commencer par là.
Indy acquiesça, bien qu'il se demandât comment il pourrait apprendre l'arabe.
— As-tu le journal que ton père t'a donné ? demanda Ned.
— Bien sûr, il est dans mon sac de voyage, dit Indy en bondissant du cageot pour fouiller dans son sac. Il en retira le petit carnet et le serra entre ses mains.

— Je vais te montrer quelque chose que tu pourras y mentionner, dit Ned, les yeux pétillants. Suis-moi.
Indy suivit Ned jusqu'à l'arc du bateau où miss Seymour était assise, toujours absorbée par son livre.

Ned détacha un long fourreau de cuir qui était accroché à ses vêtements. Du fourreau, il retira un rouleau de fin papyrus et le déroula. Cette espèce de feuille de papier était couverte d'hiéroglyphes, ancienne écriture pictographique.
— Regardez cela, miss Seymour, dit Ned.
— Cela doit avoir des milliers d'années! dit miss Seymour, émerveillée.
— Trois mille ans précisément, dit Ned en regardant le rouleau avec un certain respect.
— Qu'est-ce que c'est? Qu'est-ce que ça dit? demanda Indy.
— C'est une description des cérémonies funéraires en l'honneur d'un roi décédé, dit Ned. La lecture en est fascinante, même trois siècles après.

Indy étudia les lignes, les gribouillis, les dessins que l'on distinguait parfaitement sur le papyrus. Fascinant? Qui pouvait lire cela? Il était plus facile de comprendre le marin du *dhow*!

— Est-ce que c'est une langue en images ? demanda Indy.

— Presque. Mais pas exactement, répondit miss Seymour. Les hiéroglyphes représentent des sons, un peu comme les lettres de notre alphabet.

Indy étudia les signes d'un air perplexe, ce qui amusa beaucoup Ned.

— Regarde : supposons que ce soit de l'anglais et que je veuille écrire mon nom, expliqua Ned. Je devrais alors dessiner un nœud — c'est le N. Puis un éléphant pour le E.

— Et un dadais pour le D ! renchérit Indy. N-E-D : NED !

— Et voilà, dit Ned. Néanmoins, je ne suis pas sûr d'aimer le *dadais*.

Indy se mit à rire à son tour.

— Quelques-uns des signes représentent deux ou même trois sons ; quelquefois, ils représentent un mot entier, continua miss Seymour, toujours dans son rôle d'enseignante.

Mais Indy ne s'offusqua pas d'avoir un cours à ce moment précis. Les hiéroglyphes le fascinaient ! Pour lui, le fait d'essayer de les lire était comme de percer un code secret.

— Regarde celui-ci, dit Lawrence.

Il montra du doigt un signe qui ressemblait à un

lacet de chaussure. Ce signe représente le son *ankh*, qui veut dire « vie » ou « vivre ». L'*ankh* était un symbole magique qui, d'après les Égyptiens, avait certains pouvoirs.
— Magique? demanda Indy.
C'était de plus en plus intéressant.
— Eh bien, c'était plutôt quelque chose que l'on considérait comme un porte-bonheur, dit miss Seymour. Le symbole *ankh* était souvent accompagné de deux autres symboles qui, ensemble, forment la formule magique la plus célèbre d'Égypte.
— Quels sont-ils?
— Ceux-là, répondit Ned.
Il montra du doigt un signe qui ressemblait à une empreinte digitale et lui dit que cela était une abréviation du mot *wedja*, qui signifiait « prospérité ». L'autre symbole représentait un rouleau de tissu. C'était la lettre S dans le mot *seneb*, qui signifiait « santé ».

Indy reproduisit les trois symboles sur la première page du journal que lui avait offert son père.
— *Ankh, wedja, seneb* : vie, prospérité, santé, dit Indy en apprenant ces hiéroglyphes tout en les traduisant.
— Bien joué! dit Ned avec un sourire d'approba-

tion. Tu parleras couramment quand on arrivera sur le site!

Tard dans l'après-midi, alors que la chaleur du jour se faisait de plus en plus accablante, le *dhow* s'amarra à Thèbes. Indy, Ned et miss Seymour montèrent sur des ânes et partirent en direction d'une vallée asséchée et rocailleuse, non loin de là. Au loin, les montagnes paraissaient au moins aussi rocailleuses et sèches que la vallée. Rien ne semblait y pousser. La dernière partie du chemin passait par un col dominé par d'énormes rochers; le sol était caillouteux. Alors qu'ils traversaient ce col, Ned tendit le bras pour montrer tout ce qui les entourait et dit:

— Voici la Vallée des Rois.

Ils arrêtèrent un moment leurs montures pour regarder la vallée devant eux. Indy savait que la Vallée des Rois était un lieu mortuaire sacré pour de nombreux pharaons de l'Égypte antique.

Un pharaon, après des années passées à voir d'autres rois qui construisaient des pyramides pour en faire des tombeaux royaux et découvrant que la plupart de ces tombeaux étaient fréquemment saccagés et pillés, décida de mettre au point quelque chose de différent. Le roi Thoutmosis Ier fit construire son tombeau dans cette vallée, loin des pyramides. Thoutmosis espérait que celui-ci serait bien caché et qu'ainsi les pilleurs ne pourraient le trouver.

Après cela, la plupart des pharaons qui lui ont succédé firent de même. Ils cachèrent leurs tombeaux en creusant des pièces secrètes dans les parois des rochers. Puis ils en recouvrirent l'entrée. Tous ces tombeaux étaient dans cette vallée-là. Et c'est pour cette raison qu'on nomma cette vallée la Vallée des Rois.

D'autres tombeaux avaient été creusés dans d'autres vallées aux alentours. Et la plupart d'entre eux attendaient qu'on les découvre ! Ned fit le tour du col et se dirigea vers une vallée plus petite, située près de là, où travaillait Howard Carter.

Indy regarda la vallée avec un sentiment de respect. Voilà donc ce qu'était un site archéologique ! Cela ne ressemblait en rien à l'idée qu'il s'en faisait. Pour Indy, un site archéologique, c'était un ou deux individus qui travaillaient une pelle à la main. Il ne pensait pas que le campement de Howard Carter pouvait ressembler à une ville.

Les bruits provenant des différents lieux de travail

faisaient écho. Des dizaines de travailleurs Égyptiens creusaient au pied des rochers et d'autres enlevaient les débris. Des chevaux et des wagonnets tiraient, traînaient, se dépêchaient. De nombreux jeunes Égyptiens, certains pas plus vieux qu'Indy, allaient et venaient en transportant de l'eau. Et partout dans la montagne, on entendait parler arabe.

— Combien y a-t-il de tombeaux ? se demanda Indy à voix haute. Et est-ce qu'ils ont tous des trésors cachés ?
— Hélas ! le plan du roi Thoutmosis n'a pas fonctionné, dit miss Seymour. Les pilleurs de tombes sont venus jusqu'ici. Des dizaines de tombeaux ont été découverts à cet endroit. Mais on n'a pas encore trouvé de trésors intacts dans ces tombeaux.
— Eh bien, dit Ned, si quelqu'un peut découvrir un tombeau intact, c'est bien Howard Carter, croyez-moi. C'est un archéologue tout à fait exceptionnel. Tu vas bientôt le rencontrer, Henry. Ainsi que mon ami Rachid.

Indy et miss Seymour suivirent Ned à travers le campement de Carter, qui se composait de plusieurs tentes plus ou moins grandes.
D'un côté, il y avait une tente qui servait de salle de

travail, une autre qui tenait lieu de cantine — les deux plus grandes. De l'autre côté du campement, Indy put apercevoir deux rangées de petites tentes qui servaient de lieu de résidence à ceux qui travaillaient là.

Des nuages de poussière flottaient de toutes parts. Autour d'Indy, il n'y avait que gravats, sable et pierres, ainsi que quelques palmiers qui survivaient au climat.
Enfin, ils furent rejoints par un étrange Égyptien qui avait une vingtaine d'années. Indy se dit qu'il était étrange parce qu'il était vêtu à l'européenne, d'un costume pastel, au lieu des vêtements amples et simples que tous les travailleurs égyptiens portaient. De plus, cet homme semblait heureux de les voir.
— Ned, mon cher! dit l'homme, accourant vers T.E. Lawrence, puis lui serrant la main indéfiniment.
Indy eut l'impression qu'il voulait la lui arracher.
— C'est vraiment un plaisir de te voir.
Il parlait avec un accent qui mêlait l'anglais à l'arabe.
— Je te présente miss Helen Seymour et monsieur Henry Jones Junior. Voici mon meilleur ami, Rachid Sallam, dit Ned en serrant toujours la main de son ami.

— Merveilleux ! C'est merveilleux ! dit Rachid avant que quelqu'un ait le temps de dire un mot. Bienvenue à vous deux ! Eh bien, Ned, mon ami, c'est ton jour de chance. Nous venons de découvrir un nouveau tombeau !

CHAPITRE 7

— Un tombeau!
Les mots se bousculaient dans la bouche d'Indy de telle façon que cela surprit Ned, ainsi que miss Seymour et Rachid.
— Un pharaon? demanda Ned.
— Non, répondit Rachid. Ce n'est pas un pharaon, j'en ai bien peur. Néanmoins, tous les tombeaux sont importants, comme le dit toujours monsieur Carter.
— C'est vrai, tout à fait vrai, mon ami, dit Ned.
Tout en parlant, Rachid les conduisit à un récipient rempli d'eau pour qu'ils s'y lavent les mains et le visage, salis par leur long voyage, et qu'ils se rafraîchissent un peu. L'eau s'évaporait vite dans le désert à cause du vent chaud et sec qui y soufflait.

— Est-ce que nous pourrons voir l'intérieur du tombeau ? demanda Indy.

— Si cela ne tenait qu'à moi, mon jeune monsieur, dit Rachid avec un grand sourire, je vous dirais oui. Mais c'est à monsieur Carter que revient le privilège de décider qui pourra voir notre ancêtre.

— Et quelles sont mes chances ? demanda Indy à Rachid.

Rachid eut un pincement de lèvres et leva les épaules.

— Vous êtes le plus jeune visiteur qui soit venu ici. C'est difficile à dire.

Soudain, un bruit strident, ressemblant au hurlement d'une sirène dans le lointain, se fit entendre.

— Ne bougez plus ! dit Rachid sèchement.

Un instant plus tard, une énorme explosion fit trembler le sol sous leurs pieds. Puis il se mit à pleuvoir du sable.

— Mon Dieu, qu'était-ce ? demanda miss Seymour.

— C'était Démétrios, notre expert en démolition, qui faisait exploser un rocher pour ouvrir un passage vers le campement, expliqua Rachid. C'est le meilleur pour ce qui est de provoquer de belles et fortes explosions. Mais il n'y a pas de quoi être terrifié.

— Eh bien, merci, dit miss Seymour de son air le plus charmant.

— Le voilà, là-bas, dit Rachid en montrant du doigt un Grec de forte carrure et à la peau couleur olive. Maintenant, nous devons attendre le signal qui indique la fin de tout danger.

Indy regarda le ciel alors que Démétrios prenait une fusée éclairante et tirait en direction du ciel. Très haut dans les airs, la fusée éclata en une magnifique gerbe verte.

— Maintenant, le danger est écarté, dit Rachid avec un grand sourire. Vous devriez parler à Démétrios un de ces jours, mon jeune monsieur Jones. Il a énormément de choses passionnantes à raconter sur sa vie en Grèce. Et maintenant, vous voudrez bien m'excuser.

Rachid partit en direction d'un petit groupe de travailleurs assis à l'ombre d'un gros rocher. L'un des Égyptiens était habillé comme Rachid, d'un costume de coton, mais usé. Il portait sur sa tête un petit chapeau rouge que l'on appelle, dans le pays, un *tarboosh*.

— Hé, Bassam ! Viens voir ! appela Rachid en regardant cet homme.

Puis il retourna vers ses visiteurs.

— Bassam Ghaly est le chef d'équipe. C'est l'individu le plus douteux qui puisse exister.

Bassam Ghaly s'approcha à contrecœur.

— Oui, monsieur Sallam, dit Ghaly d'une voix rauque. Que voulez-vous ?
Ghaly avait la cinquantaine et avait l'air aussi solide que les rochers.
— Pourquoi ces hommes sont-ils assis à ne rien faire ? demanda Rachid.
— Ils ont peur, maugréa Ghaly d'une voix sèche.
— Peur ? Peur de quoi ? demanda Rachid.
— Ils disent que ce tombeau est frappé par la malédiction.
— La malédiction ? dit Indy d'une voix tremblante. Vous voulez dire la malédiction qui tue les gens ?
— Chhhh !
Miss Seymour le fit taire.
— C'est ridicule ! explosa Rachid, s'adressant à Ghaly. Tu sais très bien que les malédictions n'existent pas !
— Ça, c'est ce qu'on dit, répliqua Bassam, provoquant Rachid, qui le regarda d'un air renfrogné.
— Dis-leur de se remettre au travail immédiatement, dit Rachid. Et tout de suite, monsieur Ghaly.
Sa voix n'était pas forte, mais elle était ferme. Indy savait que, s'il devait y avoir des problèmes, ce serait maintenant.
Bassam Ghaly s'essuya les mains sur sa poitrine et s'en retourna lentement.

— Je ne fais pas confiance à ce gars-là, dit Rachid en baissant la voix. J'ai l'impression qu'il les encourage parfois dans leurs superstitions.
Indy pouvait deviner que Rachid n'aimait pas beaucoup Bassam Ghaly. Et Indy ne l'aimait pas beaucoup non plus. Mais il était fasciné par cette malédiction.
— Il est possible qu'il y ait une malédiction, n'est-ce pas ? demanda Indy.
Rachid éclata de rire.
— Bien sûr que non! Ce sont des contes pour femmes oisives et pour petits enfants, dit-il.
Puis, soudain, il se rappela à qui il était en train de parler.
Il regarda miss Seymour, puis Indy, et rougit.
— Oh, je suis navré. Je vous demande mille fois pardon.
Miss Seymour hocha la tête, puis dit avec un sourire :
— Il n'y a vraiment rien à pardonner, monsieur Sallam.
— Alors, allons présenter nos respects à monsieur Carter, dit Rachid, les conduisant vers la tente la plus grande.
Au moment où ils entrèrent, il y eut un éclair aveuglant. Un nuage de fumée âcre apparut juste après la petite explosion. Pendant un moment, Indy

crut qu'il était aveugle. Mais, peu à peu, la fumée disparut et Indy vit un photographe, un homme d'une trentaine d'années avec une petite barbe bien soignée.

Il tenait à la main le flash d'un énorme appareil photographique. L'appareil était posé sur un trépied en face d'une très longue table en bois.

Dessus étaient éparpillés des vases égyptiens peints à la main, des lambeaux de coton, et même des figurines en faïence. Tous ces objets étaient vieux et fragiles. Ned expliqua que tous les objets que l'on découvrait lors d'une fouille étaient photographiés dès qu'ils étaient découverts. C'était une façon d'en garder une trace. Quelquefois, lorsqu'il s'agissait de pièces particulièrement fragiles, la photo était la seule trace qui restait. En effet, ces objets précieux pouvaient très vite se réduire en poussière.

— C'est terminé, monsieur Carter, dit le photographe.

Indy était tellement occupé à regarder tous ces objets sur la table et à écouter Ned qu'il ne s'était pas rendu compte de la présence de quelqu'un d'autre à l'intérieur de la tente. Tout au fond, il y avait, assis, un homme mince et élégant, à la moustache noire et touffue. Malgré la chaleur, il portait un costume de lin blanc, une veste et une chemise à manches longues.

Rachid fit rapidement les présentations. L'homme au foulard était Howard Carter. Le photographe s'appelait Pierre Duclos. Ned oublia presque de leur serrer la main, tellement il était captivé par ce qu'il voyait sur la table.

— Ce sont des spécimens remarquables, dit Ned.

— Nous les avons découverts le mois dernier, dit Howard Carter. Il parlait poliment, mais rapidement. Il était de ces personnes qui ne perdaient pas leur temps en discours inutiles.

— Ils sont tous de la dix-huitième dynastie.

— De 1555 à 1335 avant Jésus-Christ, dit miss Seymour à Indy de sa voix de préceptrice.

Carter alla vers la table et referma la main rapidement sur quelque chose — trop rapidement pour qu'Indy eût le temps de voir. Lorsqu'il la rouvrit, il montra à Indy un petit morceau d'argile incrusté de fins motifs. Des hiéroglyphes.

— C'est un sceau, jeune homme, dit Carter. Un sceau royal. Il porte le nom d'un roi : Toutankhamon.

— L'enfant pharaon, monsieur Carter ? demanda Ned.

Carter acquiesça. Son visage montrait la même excitation que celui de Ned. Le nom de cet ancien roi semblait planer dans la tente.

— L'enfant pharaon ? répéta Indy, voulant tout savoir sur lui. Quel âge avait-il ?

— Environ dix-huit ans quand il est mort, expliqua Howard Carter. En fait, il n'était probablement pas roi depuis longtemps. C'est une période fascinante.

— Pensez-vous que son tombeau existe toujours ? demanda Ned.

— J'en suis absolument certain, monsieur Lawrence, répondit Carter en pointant du doigt le sceau d'argile de l'enfant pharaon qu'il avait à la main. Je ne sais pas pourquoi ce sceau a été découvert près du tombeau de quelqu'un d'autre, mais cela me fait penser que je suis sur la bonne voie. Je suis prêt à passer ma vie à remuer ciel et terre pour trouver le tombeau de Toutankhamon. Et nous le trouverons avec beaucoup de travail et beaucoup de chance. J'ai comme une intuition, mais ce n'est pas très scientifique, je le crains.

— Et le tombeau que vous avez découvert hier, monsieur Carter ? demanda Helen Seymour.

— Il date aussi de la dix-huitième dynastie, mais malheureusement ce n'est pas celui du roi.

Carter prit un autre sceau, plus petit que celui de l'enfant pharaon.

— Ceci nous a appris que son nom était Kha. D'après les apparences, il devait être un architecte ou un ingénieur. Nous en saurons sûrement plus lorsque nous aurons ouvert le tombeau.

« Ouvrir le tombeau » ; « Le temps s'arrête quand on est à l'intérieur d'une pyramide », avait dit Ned. Indy avait envie de voir ce tombeau plus que tout au monde.

— Serez-vous les premiers à y entrer ? demanda Indy. Je veux dire : depuis qu'on y a déposé la momie ?

— Je l'espère, répondit Howard Carter. J'espère que, malgré le fait que l'on y entre trois mille ans après l'ensevelissement, on a quand même devancé les pilleurs de tombes.

— Est-ce que je peux venir ? demanda Indy.

Il savait que ce n'était pas très poli, mais il avait décidé de devenir archéologue, et il voulait commencer du bon pied.

— Un enfant ne nous sera d'aucune utilité, dit Howard Carter froidement.

— Je n'ai pas peur de la malédiction, dit Indy, bien que ce ne fût pas totalement vrai.

Indy ne savait pas s'il devait croire ou non à la malédiction, et il était même un peu effrayé, mais il était prêt à tout affronter pour pouvoir voir une momie. Il devait convaincre Carter de changer d'avis à son sujet.

Carter avait un air vraiment désagréable :

— Malédiction ? maugréa-t-il en regardant Rachid.

Rachid prit la parole et leva les épaules comme pour s'excuser.

— Bassam leur a dit. Il a parlé d'une malédiction qui planait sur tout le campement.

— Comme c'est étrange ! Cet homme est normalement si digne de confiance !

Howard Carter dirigea son regard sur Indy. Indy eut l'impression qu'il l'examinait sous toutes ses coutures.

— Oublie ce que tu viens d'entendre, mon garçon. Les malédictions sont de simples superstitions. Il n'y a jamais eu de magicien égyptien.

— Je le sais, monsieur, dit Indy.

— Mais vous allez devoir me le prouver, pensa-t-il.

Indy prit l'un des sceaux qui étaient sur la table avec beaucoup de précautions et le tourna dans ses mains pour voir les hiéroglyphes. Il reconnut les signes : le lacet de chaussure, l'empreinte digitale et le rouleau de tissu.

— *Ankh, wedja, seneb*, dit-il à voix haute.

Howard Carter resta bouche bée.

— Tu peux lire cela ? demanda-t-il.

— Vie, prospérité, santé, traduisit Indy.

Lentement, Carter se mit à sourire et tendit la main à Indy pour qu'il la lui serre.

— Par Jupiter ! Jeune homme, je m'étais trompé à votre sujet ! Vous nous ferez l'honneur de nous accompagner à l'intérieur du tombeau, monsieur !

CHAPITRE 8

— Des hiéroglyphes! s'exclama Indy.
Six torches éclairaient le passage alors que Howard Carter étudiait les symboles peints sur la pierre située au-dessus de cette porte si ancienne.
Carter avait tenu sa promesse d'emmener Indy dans le tombeau. Carter, Ned, Rachid, miss Seymour, Indy et Pierre Duclos descendaient en file indienne les marches taillées à même la roche. Puis ils se resserrèrent pour franchir un passage sombre et étroit. Bassam Ghaly et ses ouvriers les avaient regardés d'un air craintif disparaître sous terre. Au début, Indy pensait que les ouvriers étaient fous d'avoir peur. Mais maintenant que le groupe mené par Carter s'était arrêté à la porte du tombeau, son

cœur battait à tout rompre. Il était partagé entre le désir d'entrer et celui de retourner en arrière.

— Que disaient ces hiéroglyphes ? se demandait-il.

Il retint sa respiration et attendit que Carter en fasse la traduction.

— « Celui qui, dit Carter, lisant les symboles d'une voix forte, entrera dans mon tombeau... sera brûlé de mon feu. »

— La malédiction, se dit Indy.

Ghaly avait raison !

Carter vociféra en direction de Rachid :

— Casse les protections et ouvre la porte !

Malédiction ou non, ils allaient entrer, et maintenant !

A l'aide d'un petit burin, Rachid fit sauter rapidement le plâtre tout autour de la porte. Puis, avec l'aide de Ned, il fit coulisser les verrous.

— Préparez-vous à courir, dit Carter. La pièce est peut-être pleine d'air empoisonné d'avoir été scellée aussi longtemps.

— C'est le bouquet, pensa Indy. Une malédiction, et maintenant de l'air empoisonné. Ces Égyptiens n'y allaient pas de main morte !

Carter fit un signe de tête et on ouvrit la porte. On entendit, dans ce passage étroit, l'écho du raclement de la porte et du grincement de ses gonds qui n'avaient pas servi depuis des milliers d'années.

Indy retint sa respiration. Il n'y eut aucune boule de feu. Rien que le silence. Un silence de mort.

Carter entra le premier, une chandelle allumée à la main pour tester l'air. Si la chandelle restait allumée, l'air était respirable. Indy entendit le bruit de dix longs pas sur le sol de pierre. Puis de nouveau le silence. Indy était étonné de voir que Carter pouvait retenir sa respiration aussi longtemps. Puis Carter fit signe à tout le monde de le suivre.

La pièce était grande et n'avait rien à voir avec le passage qui menait au tombeau. Le plafond était haut, si haut qu'Indy ne vit que du vide.

— Regardez cela ! dit Carter.

— Bon Dieu ! dit Ned.

Sa voix était étonnamment calme. Indy se précipita et s'arrêta devant un énorme sarcophage — une boîte de près de deux mètres de long, un mètre de large et un mètre cinquante de profondeur — posé sur le sol.

— Le sarcophage de Kha, dit miss Seymour dans un souffle.

— Il semble complètement brûlé, dit Ned.

Pendant un petit moment, sa torche éclaira son visage et Indy put apercevoir ses yeux grands ouverts.

— Le tombeau est entièrement brûlé, dit Carter en faisant le tour de la pièce et en éclairant les murs de sa torche. Tout était recouvert d'une épaisse couche de suie.

— C'est la malédiction, dit Indy calmement.

— Quelqu'un est entré ici avant nous, dit Rachid.

— Des pilleurs de tombes ? interrogea Pierre.

— Ou bien la malédiction, insista Indy d'une voix plus forte.

Miss Seymour le pria de se taire, mais Indy se dit qu'il n'y avait pas d'autre explication. Les hiéroglyphes étaient bien lisibles malgré le feu.

— Eh bien, il n'y a qu'un seul moyen de savoir si des pilleurs de tombes sont venus ici, dit Carter. Aidez-moi à ouvrir le sarcophage.

Ned, Rachid, Pierre et Carter prirent chacun un coin de l'énorme pierre, alors qu'Indy et miss Seymour les éclairaient.

— Un, deux, trois !

Les hommes réussirent à soulever le couvercle et à le laisser tomber sur le sol de pierre.

Indy et miss Seymour s'approchèrent pour mieux voir.

La torche d'Indy éclaira le cercueil un instant. Il fit un bon en arrière.

— C'est *ça*, Kha ? demanda-t-il, faisant à nouveau un pas en avant.

— C'est Kha, répondit Carter.

La partie inférieure de la momie était encore enveloppée dans des bandelettes devenues sombres. Mais au niveau de la poitrine, les bandelettes avaient été enlevées — comme si Kha lui-même les avait arrachées pour se libérer. A certains endroits, la peau encore collée aux os ressemblait à du cuir tanné. Les yeux de Kha étaient exorbités, ils regardaient Indy fixement. Sa bouche ouverte en un horrible rictus montrait des dents jaunâtres. Pour compléter cette image hideuse, ses mains osseuses aux doigts fins et brunis étaient acérées, prêtes à attaquer.

— La momie est encore là, dit Carter d'une voix tout à fait calme. Mais c'est extraordinaire...

Ned eut un regard circulaire ; il était visiblement perturbé.

— Je ne comprends pas, Carter, dit-il. Pourquoi n'y a-t-il aucun objet ?

— Ils ont peut-être été volés, suggéra Pierre.

— Je ne le pense pas, dit Carter. Le plâtre qui protégeait l'entrée était intact. Non, il doit y avoir une autre pièce dans ce tombeau.

Comme si ces derniers mots avaient été un signal, Ned, Rachid et Pierre se précipitèrent pour tâter les murs de la pièce.

— Alors, c'est ça, être archéologue ! se dit Indy.

Il ne s'était jamais autant amusé de sa vie. C'était terrifiant. Mais qu'est-ce que c'était excitant ! Qui

pouvait dire ce qu'ils allaient découvrir derrière l'un de ces murs ?
Indy resta immobile ; il faisait tout pour ne pas déranger ces archéologues. Son seul geste fut d'éclairer les murs à l'aide de sa torche. La flamme éclaira un morceau de peinture murale.
— Là ! cria Ned. Regardez cela !
Lawrence approcha sa torche très près du mur, révélant une fissure mince et régulière. Les autres s'approchèrent rapidement, et Carter passa ses doigts tout le long de la fissure. Des petits bouts de plâtre tombèrent.
— C'est une porte ! s'exclama Carter. Ouvrez-la !
De nouveau, Rachid prit son petit burin et fit sauter le vieux mortier, alors qu'Indy essayait d'imaginer ce qu'il pouvait y avoir derrière cette entrée secrète.
— Kha ne nous a pas eus, pensa Indy, se souvenant de la malédiction.
Cette porte serait la porte du trésor et non la porte du feu !
Enfin, la porte était apparente. Indy aida à l'ouvrir dans un énorme effort.
Une bouffée d'air chaud, provenant de la pièce maintenant ouverte, souffla sur Indy. Les flammes des torches passèrent du jaune à un vert répugnant.
— Tout le monde dehors ! haleta Carter. L'air est empoisonné !

Indy sentit miss Seymour empoigner sa main et le tirer. Il respira un grand coup alors qu'ils couraient vers la sortie, se cognant contre les pierres qu'il y avait sur le passage. Indy retenait sa respiration depuis tellement longtemps tout en essayant de grimper les marches qu'il avait l'impression qu'il allait exploser. Enfin, ils atteignirent la sortie.
Indy émergea, haletant. Miss Seymour le suivait de près.
— Bigre! pensa Indy. Elle court vraiment vite pour son âge!
Les travailleurs se ruèrent à leur tour vers la sortie, marmonnant sur leur propre sort. Indy aperçut Bassam Ghaly, le chef d'équipe, qui murmurait quelque chose à plusieurs d'entre eux, qui s'étaient éloignés. Puis Ghaly, en compagnie d'un ou deux travailleurs, arriva, comme si tous voulaient pénétrer dans le tombeau. Cependant, Carter leur fit signe de revenir.
— Que personne n'entre là-dedans! cria-t-il en s'adressant à Rachid. Nous reviendrons demain dans la matinée. Le poison se sera alors dissipé. Faites garder le tombeau cette nuit, Rachid. Choisissez quelqu'un en qui vous avez confiance.
Rachid lança un regard en direction de Ghaly, puis se détourna. Indy vit la haine dans les yeux de ce dernier.

— Je garderai le tombeau moi-même, monsieur, offrit Rachid.
— Bien, dit Carter.
Puis Indy nota que Carter faisait un geste discret uniquement destiné à Rachid. Il tapota le côté droit de sa taille.
— Juste à l'endroit où l'on met l'étui d'une arme, pensa Indy.
Carter était en train de dire à Rachid de porter un revolver !
— Est-ce que je peux rester avec vous ? demanda Indy, les yeux ronds d'excitation.
— C'est très courageux de votre part, mais cela ira très bien, répondit Rachid.
Cette nuit-là, Indy ne put fermer l'œil. Peut-être était-ce la chaleur de la nuit. Peut-être étaient-ce les hyènes sur la colline qui hurlaient depuis des heures. Mais peut-être était-ce aussi la momie. Indy n'arrivait pas à oublier le vieux Kha. Chaque fois qu'il fermait les yeux, il voyait cette momie à moitié nue se lever de son tombeau.
Finalement, Indy, fatigué de se tourner et de se retourner dans son lit, se leva. Il jeta un coup d'œil furtif, puis sortit de sa tente. A l'extérieur, l'ambiance était très chaude. Démétrios, l'expert en démolition, se tenait près de la tente qui tenait lieu de cantine. Il faisait une démonstration de danse

grecque à des travailleurs égyptiens. Ils avaient l'air de bien s'amuser. Ils faisaient une grande ronde en se tenant par les épaules et essayaient un pas de danse fantaisiste.

D'autres travailleurs faisaient quelques pas tout en parlant d'un air sérieux. Indy pouvait deviner ce qu'ils se disaient. Ils parlaient de la malédiction. « Celui qui entrera dans mon tombeau sera brûlé de mon feu. » Indy regarda les flammes d'un feu de camp non loin de là et frissonna. Miss Seymour n'était toujours pas en vue. C'était bon signe.

Indy décida de s'évader et sortit furtivement de sa tente. Le clair de lune éclairait son chemin alors qu'il courait en direction des rochers. De là, il pouvait voir Rachid surveiller l'entrée du tombeau de Kha.

Alors qu'il se faufilait entre les tentes en essayant de ne pas être aperçu, Indy entendit un bruit étrange. Les chevaux s'agitaient nerveusement, comme si quelque chose les effrayait.

Quelqu'un essayait-il de voler un cheval, ou de s'enfuir précipitamment ?

Indy prit rapidement un petit chemin cahoteux qui menait aux chevaux.

Après s'être approché, il se baissa vivement derrière un gros rocher en forme de tête d'aigle. Quatre travailleurs égyptiens étaient là et parlaient à voix basse. Soudain, l'un d'entre eux se mit à seller des chevaux aussi vite que possible. Il regardait autour de lui à chaque seconde pour voir s'il avait été remarqué.

Tout à coup, des mains puissantes empoignèrent Indy et le soulevèrent. Indy donna des coups de pied et se débattit, mais ses poings étaient bloqués. Son agresseur lui fermait la bouche d'une main tandis que, de l'autre, il le tenait par la taille.

Ces mêmes mains puissantes l'emmenèrent vers les quatre hommes et le lâchèrent au milieu d'eux.

Indy essaya de garder son calme.

— Belle nuit pour une balade, hein? dit-il.

Un homme borgne regarda Indy et dit :

— Malédiction.

— Heu, je n'ai pas le droit, dit Indy.

— Le tombeau est maudit, dit le borgne.

— Tous ceux qui restent mourront. Nous ne voulons pas mourir.

— Il faut l'emmener avec nous, sinon il le dira aux autres, dit un autre homme.

Aller avec eux? Indy sentit ses genoux se dérober.

— Je ne peux pas y aller. Je viens juste de me souvenir que miss Seymour doit me faire passer un test de français demain.

Ils commencèrent à s'approcher de plus en plus de lui. Il y avait cinq hommes d'un côté et un de l'autre.

Les cinq hommes mesuraient tous près d'un mètre quatre-vingts, l'autre mesurait environ un mètre soixante. Ils étaient forts et prêts à tout... Et ils portaient des sandales — des sandales ! Indy eut une idée. Il attendit que les hommes s'approchent. Puis il fit un bond et atterrit directement des deux pieds sur les orteils nus de deux des hommes.

— Aïïïïe ! crièrent-ils, sautant sur un pied et tenant l'autre.

Indy eut une seconde de répit. Il en profita. Il prit son élan et courut sans s'arrêter jusqu'à ce qu'il fût à l'intérieur de sa tente. Allaient-ils le suivre ? se demanda-t-il. Il jeta un coup d'œil à l'extérieur. Non, ces individus étaient trop pressés de fuir la malédiction. Ils ne perdraient pas leur temps à le pourchasser. Tout ce qu'Indy vit, c'était Rachid toujours à son poste sous le clair de lune.

Indy pensa qu'il fallait peut-être prévenir Ned ou Carter, ou bien encore miss Seymour, que certains travailleurs voulaient s'enfuir, mais il se sentit brusquement trop éreinté pour pouvoir bouger.

« Tous ceux qui restent mourront » : ces mots résonnaient dans la tête d'Indy alors qu'il se laissait envahir par le sommeil.

Le lendemain, il fut réveillé par un bruit de pas rapides près de sa tente. Lorsqu'il regarda dehors, Indy vit plusieurs travailleurs courir en direction du tombeau. Où étaient tous les autres ? se demanda

Indy. Excepté les travailleurs qui couraient, tout le reste du campement était calme. Non, c'était autre chose que du calme. Il régnait un silence insoutenable.

Indy s'habilla rapidement et prit le même chemin que les travailleurs. Il aperçut Carter, Ned et miss Seymour qui se tenaient à l'entrée du tombeau. Un groupe de travailleurs égyptiens se tenait non loin de là, silencieux. Bassam Ghaly était seul dans un coin.

— Pourquoi est-ce que tout le monde est aussi calme ? demanda Indy.

Ned le regarda un court instant. Puis, d'un air inquiet, il dirigea son regard vers le tombeau.

— Nous ne trouvons pas Rachid. Il n'était pas à son poste ce matin.

— Mais je l'ai vu la nuit dernière, au clair de lune, laissa échapper Indy.

Miss Seymour le regarda d'un air interrogateur, mais ne dit rien.

— Eh bien, il n'est plus là, dit Carter sèchement.

Son visage était pâle et sa chemise blanche trempée de sueur.

— Nous sommes allés dans sa tente et nous avons fouillé partout. Je pense qu'il est temps que nous regardions dans le tombeau.

Il était sur le point de se diriger vers l'entrée lorsque

la voix de Pierre Duclos se fit entendre, à la surprise générale.
— Bonjour, mes amis! dit le photographe.
Ned et Carter se retournèrent, effrayés.
— Avez-vous vu Rachid? demanda Carter.
— Non, pourquoi? N'est-il pas là?
Carter répondit à Pierre par un simple signe de tête et se tourna vers le tombeau. Ned empoigna une torche et ouvrit la voie en direction de l'entrée située dans le rocher. Indy dut courir pour le rattraper. Suivirent Carter, miss Seymour et Pierre.
— Rachid? appela Ned.
Les mots heurtèrent les murs étroits en pierre et l'écho assourdit Indy un moment.
Lorsqu'ils atteignirent l'entrée de la grande chambre mortuaire, Ned s'arrêta. Il éclaira la pièce de sa torche. Elle était vide. Mais en face, la porte accédant à la deuxième chambre était ouverte. La seule chose que l'on pouvait apercevoir était une pièce plongée dans une obscurité totale.
— Allons-y, dit Lawrence en traversant la chambre avec précaution.
Tout le monde suivit, passant à côté du sarcophage ouvert.
— Mon Dieu! cria soudain Pierre.
Il s'arrêta net.
Indy se retourna et vit Pierre penché sur le sarco-

phage. Il s'approcha et regarda aussi. Le cercueil était vide ! Indy en eut le souffle coupé.
— La momie a disparu ! lança-t-il.
Comment ? Où ? Instinctivement, Indy se retourna et regarda derrière lui. Kha s'était échappé. Il pouvait être n'importe où ! Indy baissa la voix et dit sur un ton extrêmement sérieux :
— Il est sorti de son cercueil et a eu Rachid.
— Henry, gronda miss Seymour, arrêtez ces stupidités immédiatement !
— C'est ridicule, pensa Indy. Qu'est-ce qu'elle en sait ?
Cependant, avant qu'il ne pût ajouter un mot, une voix sortit du tombeau. C'était Ned, qui était à genoux à la porte de la petite pièce tout au bout de la chambre mortuaire.
— Oh non !
— Qu'est-ce qui se passe ?
Indy s'approcha de lui.
— Henry, éloigne-toi ! dit Ned.
Miss Seymour voulut le retenir par les épaules, mais il était trop tard. Il avait glissé entre ses mains et était assez près pour voir. Là, à l'intérieur de la petite pièce, gisait le corps de Rachid, calciné.

CHAPITRE 9

— Vous ne devriez pas regarder cela, dit miss Seymour en tirant Indy vers elle pour l'éloigner du cadavre.
On pouvait croire à sa façon de dire cela que c'était elle-même qu'elle réprimandait, et non lui, pour une fois. Mais c'était trop tard. Il *était* là et il avait *vu* Rachid, qui, la nuit dernière, était bien vivant et enjoué. Comment était-ce possible que ce fût lui, ce corps inerte sur le sol ? Indy fixait le corps d'un air horrifié et priait pour qu'il bouge.
— Pauvre Rachid ! dit Carter.
Il y avait sur son visage une expression à la fois de colère et de douleur.
— Quelle horrible façon de partir !

Ned leva les yeux et dit :

— Ce n'est pas le feu qui l'a tué. Il a une blessure à la tête, là.

D'un geste délicat, il montra sa propre nuque, comme si lui aussi avait été blessé.

— Quelqu'un l'aurait frappé? demanda Carter.

— Il n'a même pas eu le temps de prendre son arme, dit Lawrence amèrement.

Chhh, chhh, chhh : Indy entendit des pas traînants derrière lui. Le meurtrier les avait-il suivis dans le tombeau?

Indy sentit son cœur battre la chamade.

En fait, ce n'était que le bruit des pas des travailleurs égyptiens qui arrivaient. Lorsqu'ils virent le corps de Rachid, ils se mirent à se lamenter en arabe.

— Tout le monde dehors! ordonna Carter, visiblement ennuyé.

Les travailleurs sortirent rapidement tout en gémissant. Puis les lamentations en arabe furent plus nombreuses, pour devenir des cris de panique. Indy devina que c'était parce que les travailleurs qui attendaient à l'extérieur venaient d'apprendre le triste sort de Rachid. Enfin, peu à peu, les bruits s'atténuèrent au fur et à mesure que les hommes se dispersaient.

Indy et miss Seymour restèrent blottis l'un contre

l'autre, incapables de s'approcher du corps... Incapables de partir. Pour une fois, Indy était heureux que miss Seymour fût à ses côtés. Pierre se tenait à l'écart ; il semblait tendu et gêné.
Carter, accroupi près du corps, se leva et commença à faire les cent pas pendant que Ned examinait Rachid plus en détail.
— Nous devons le transporter aux autorités les plus proches, qui se trouvent en amont de la rivière, dit Carter. Il y aura sûrement une enquête. J'irai moi-même, bien sûr. J'en suis responsable, mais je ne sais pas comment je vais pouvoir expliquer ce qui est arrivé.
Que faisait Ned ? se demanda Indy. Les mains de Ned grattaient le sol rapidement tout près du corps, comme à la recherche de quelque chose.
— Hé ! cria Ned.
— Qu'est-ce qu'il y a ? Il y a du nouveau ? demanda Carter en se tournant vers lui.
Qu'est-ce qui se passait ? Indy essaya de voir.
— Quelque chose comme de la poudre argentée, dit Ned. Ses jambes en sont toutes recouvertes.
— Qu'est-ce que cela peut bien être ?
— Je ne sais pas... pour l'instant, dit Ned.
Il gratta un peu de cette poudre, qu'il mit dans une enveloppe, puis rangea celle-ci dans une poche de son pantalon. Ensuite, il se leva et enleva sa veste.

Indy aperçut les mains de Ned qui tremblaient quand il en recouvrit le corps de Rachid. Enfin, Ned se leva et s'essuya les yeux. Carter laissa Ned un moment seul. Puis il prit une torche et entra dans la petite pièce qui avait été ouverte la veille. Indy voulut le suivre, mais miss Seymour le retint.
— Personne n'est entré là. Rien n'a été touché, dit Carter en revenant. D'après les apparences, rien n'a été volé. Kha n'était pas noble, il n'a donc eu aucun égard royal. Pas d'objets précieux, pas de bijoux, pas d'or.
Il leva les bras de déception.
— Il n'y a aucun motif apparent à ce meurtre, dit Ned d'une voix légèrement cassée.
— Si, il y en a un, dit Indy. « Celui qui entrera dans mon tombeau sera brûlé de mon feu. »
— Oh, Henry, soupira miss Seymour.
— C'est la malédiction, insista Indy.
— Miss Seymour, dit Carter impatiemment, faites-le sortir. Ce n'est pas un endroit pour un enfant.
Quelque temps après, le corps de Rachid était sorti du tombeau et sanglé à un cheval. Puis Carter posa quelques questions aux personnes du campement, essayant de savoir qui avait vu pour la dernière fois Rachid vivant. Indy dit à Carter qu'il avait vu Rachid pendant la nuit, après le vol des chevaux.

Mais Pierre affirma qu'il avait parlé à Rachid bien après cela. Par contre, Démétrios les contredit tous les deux. Il dit qu'il avait vu Rachid quitter son poste très tôt, après déjeuner.

Chacun des travailleurs donnait une version différente des faits, mais aucun n'avait la preuve de ce qu'il avançait. Personne ne savait vraiment qui avait tué Rachid.

Enfin, Carter partit avec le cadavre. Bien évidemment, lorsque les travailleurs égyptiens virent le corps calciné de Rachid, ils recommencèrent à parler de plus belle de la malédiction. Au fur et à mesure que la panique s'emparait du camp, les travailleurs s'enfuyaient. Indy remarqua que Bassam Ghaly était le seul Égyptien à ne pas sembler effrayé.

Ned s'isola dans sa tente jusqu'au dîner. Lorsque enfin il sortit, il était pâle et tremblant. Aux yeux d'Indy, Ned apparaissait comme quelqu'un qui avait toujours réponse à tout. Maintenant, il semblait perdu.

Indy et miss Seymour mangèrent en silence, attendant que Ned parlât le premier.

— C'était un copain formidable, dit-il enfin, s'adressant à miss Seymour. Si jeune, si plein de vie ! Il m'a énormément appris sur la vie ici, parmi son peuple.

— C'est dur de perdre quelqu'un, dit miss Seymour.

C'était la première fois qu'Indy eut l'impression qu'elle disait quelque chose du fond du cœur au lieu de quelque chose qu'elle avait lu. Cela la transformait complètement.

Ned serra les poings, mais, comme s'il avait réalisé qu'il n'y avait personne contre qui se battre, il se relâcha.

— Je ne comprends pas les raisons. Il n'y a aucun motif.

Il regarda dans le vague un instant. Indy était calme. Mon Dieu, il avait l'air de se sentir si inutile!

Dans la cantine, tout autour d'eux, les travailleurs qui mangeaient encore ne cessaient de murmurer. Démétrios était assis dans un coin en compagnie d'Européens qu'Indy ne connaissait pas. Pierre mangeait un petit morceau de pain tout en parlant à des assistants de Carter. Bassam Ghaly mangeait seul, assis à une table située tout au fond de la tente; il ne regardait personne.

— C'était mon ami et il me manquera horriblement, dit Ned.

— Mais vous le reverrez, n'est-ce pas?

Ned regarda Indy comme si celui-ci lui avait fait une plaisanterie de mauvais goût.

— Le revoir?

— Au ciel, quand vous serez mort, dit Indy.

— Rachid était musulman, Henry, dit Ned d'un air ironique.
— O.K., alors il est au paradis, dit Indy.
— Vous vous reverrez là-haut... si le ciel et le paradis sont au même endroit.
— Vous n'abandonnez jamais, n'est-ce pas, Henry? dit miss Seymour.
— Pas tant que je n'ai pas de réponse, répondit Indy.
Ned passa sa main dans ses cheveux.
— Rachid est au paradis, Henry. Il doit sûrement y être.
— Si Kha le lui permet, ajouta Indy.
— Le lui permet?
— Pour moi, Kha s'est levé de son tombeau et a tué Rachid.
— Écoute, Henry, dit Ned. (Il poussa la lampe qui était sur la table afin de pouvoir le regarder en face.) Quand je t'ai raconté tout cela — sur les momies qui revenaient à la vie et qui erraient sur terre — j'ai peur de... eh bien, d'avoir...
— Menti? dit Indy calmement.
Il baissa les yeux.
— Exagéré. A vrai dire, je ne peux pas m'en empêcher. C'est... mon habitude.
Ned parlait posément, comme s'il révélait des

secrets pour la première fois. Le visage de miss Seymour était devenu grave.

— Je ne sais pas vraiment pourquoi, continua Ned. Mais je... raconte souvent des histoires. Tu sais, j'invente. Pour que mes histoires paraissent plus excitantes. Pour rendre la vie — tu sais ce que je veux dire — plus intéressante. Je suis sûr que je le regretterai un jour.

Indy sourit et releva la tête. Il comprenait parfaitement.

— Alors, d'accord, les momies ne marchent pas, dit Indy. Bon. Mais quelque chose a tué Rachid. Ne pouvons-nous pas le découvrir?

Ils finirent de dîner en silence, pensant sans cesse à Rachid. Ils savaient tous que, tant que le meurtre ne serait pas élucidé, ils ne pourraient pas dormir tranquillement.

Très tôt, le lendemain, trois torches éclairaient faiblement le passage étroit qui menait au tombeau de Kha.

— Nous ne devrions pas faire cela, dit miss Seymour, inquiète.

— Parce que monsieur Carter n'est pas là? demanda Indy.

— Non, parce que cela me fait avoir des palpitations nerveuses, dit miss Seymour.

— Ne vous inquiétez pas. Nous ne toucherons à aucun objet, dit Ned.

Son côté positif et énergique avait repris le dessus pendant la nuit. Maintenant, alors que le jour se levait, il était déterminé à résoudre le mystère de la mort de Rachid.

— Nous devons découvrir si vraiment rien n'a été volé, continua Ned. Dans le cas contraire, nous aurons le motif du crime.

Dès qu'ils furent entrés dans la chambre mortuaire, Indy se rua vers le cercueil, s'attendant à le voir vide.

— Aaahhh! hurla-t-il au contact d'une araignée noire et velue sur sa main.

Miss Seymour le prit dans ses bras dans un geste de protection, mais Indy s'échappa.

— Je vais bien maintenant, dit-il. C'est juste que je ne m'attendais pas à voir quelque chose bouger.

Mais, à part l'araignée, le cercueil était bien vide. La momie n'était toujours pas là. Indy ne savait pas ce qui était pire : voir l'horrible momie dans le cercueil, la veille, ou savoir qu'elle était cachée quelque part dans le tombeau en ce moment! Il se dépêcha de rattraper Ned, qui, pendant ce temps, avait atteint la pièce annexe.

C'était la première fois qu'Indy voyait l'intérieur de cette petite chambre. Il fut surpris par ce qu'il put

voir. Partout, il y avait des chaises couvertes de poussière, des tables, des bancs, des étoffes, de la poterie, des boîtes, des armes. Le tout formait une pile qui allait du sol au plafond.
— Étrange, pensa Indy.
Il savait pourquoi tous ces objets étaient à l'intérieur du tombeau. C'était parce qu'ils appartenaient à Kha — tout ce dont l'esprit de Kha aurait besoin, d'après les croyances égyptiennes, dans l'autre monde. Néanmoins, Indy ne pensait pas que ces objets seraient empilés de la sorte, avec aussi peu de soin. Soudain, Indy remarqua une ombre suspecte sur le mur.
— Qu'est-ce que c'est? cria-t-il en montrant l'ombre du doigt.
Ned illumina de sa torche la forme qui se dessinait dans un coin de la pièce.
— J'y suis.
Indy s'aperçut très vite que ce n'était pas l'ombre d'un corps. En fait, c'était une statue de bois à la forme et aux dimensions d'un être humain et qui représentait un jeune homme. La peinture paraissait encore fraîche et les couleurs étaient vives. Le visage avait une expression grave et les yeux étaient grands ouverts.
Sur la tête de la statue, il y avait une espèce de couronne métallique. Sa main gauche, levée, tenait

une longue crosse de bois dont la surface était bien lisse. Un de ses pieds était lancé en avant comme si la statue était en train de marcher.
— Kha devait très probablement ressembler à cela, expliqua Ned.
— Il est beau, dit miss Seymour.
— Il est... étrange, dit Indy.
— C'est un objet précieux qui doit aller dans un musée. Maintenant, il faut chercher ce qui a bien pu disparaître, dit Ned.
Puis il sourit et se déplaça pour lire les hiéroglyphes qu'il y avait sur le mur. Indy fixa les yeux de cette statue en bois peint.
— Pourquoi as-tu toujours, après trois mille ans, l'air aussi vivant, alors que Rachid est mort? voulut-il dire.
— Écoutez cela, dit Ned, lisant les hiéroglyphes qu'il y avait sur le mur. « J'étais le bien-aimé de Sa Majesté. Qu'il ait longue vie et qu'il connaisse la prospérité et la santé. En récompense pour mes nombreux services... il me donna l'étendard précieux... »
— Qu'est-ce qu'un étendard? demanda Indy.
— Une sorte de crosse, dit miss Seymour. Il doit sûrement parler de la crosse que tient la statue.
Ned termina la lecture des hiéroglyphes :

— « ... orné du chacal sacré aux yeux de feu. »
— Ceci est bien un étendard, dit Indy, mais pour ce qui est du chacal aux yeux de feu, rien. Ce n'est qu'un simple vieux bout de bois.
— Ce serait très étonnant, dit Ned en approchant sa torche pour mieux voir.
Il la tint très près de la statue en bois et approcha son visage encore plus.
— Attendez. Il y a des éraflures sur le bois au sommet de l'étendard. Il y avait bien quelque chose ici, mais cela a été détaché.
Miss Seymour dit le mot :
— Volé ?
— Bien sûr.
Ned se tourna vers Indy.
— Et maintenant, nous avons le motif du crime !

CHAPITRE 10

Lorsque Indy sortit du tombeau, tout était différent. De gros nuages sombres cachaient en partie le soleil. Du sable tournoyait follement de toutes parts, comme si le vent voulait ensevelir tout le campement.
Indy aussi était différent. Il se sentait mal à l'aise, car il était seul, et il était nerveux à cause des gens qui se tenaient là, derrière lui. Quelqu'un avait surpris Rachid par-derrière, l'avait assommé et l'avait ensuite brûlé. C'était arrivé si vite que Rachid n'avait pu mettre la main sur son arme, voilà ce qu'avait dit Ned.
Ce soir-là, au dîner, Indy, miss Seymour et Ned se joignirent à une table et se mirent à parler à voix

basse. Ils craignaient d'être entendus. Leur vie pourrait alors être également en danger. Ils agissaient aussi secrètement que des conspirateurs planifiant un crime, parlant par mots ou par phrases codées.

« Chacal » était le mot banni, dont personne ne parlait, mais qui était présent dans la mémoire d'Indy.

— Les yeux de feu ? demanda-t-il à Ned.

Celui-ci haussa les épaules, puis il dessina un petit cercle, à peu près de la taille d'un noyau de cerise, sur la table poussiéreuse de la cantine.

— Des pierres précieuses, j'imagine. A peu près de cette taille, dit-il en effaçant très vite son dessin.

Indy regarda autour de lui pour voir si quelqu'un les surveillait. Quelques hommes étaient en train de manger et de boire. Bassam Ghaly, tout comme la nuit précédente, se tenait seul à une table. Son regard rencontra celui d'Indy, mais il le détourna aussitôt.

— Quelle sorte de pierres ? Des rubis ?

Cette pensée tourmentait Indy.

— Ou autre chose, dit Ned avec un rire plein d'amertume.

— Il est possible que mon ami ait été tué simplement pour deux vieux cailloux sans aucune valeur.

— Ou peut-être que le chacal était tout en or.

Ned poussa la lampe à pétrole, prit un bout de papier dans sa chemise et dessina d'un geste rapide un chacal. Pendant ce temps, Indy mangeait, affamé, alors que miss Seymour buvait une tasse de thé.

— L'objet entier devrait avoir cet aspect, dit Ned doucement en donnant le dessin à Indy.

Il représentait un chacal aux traits anguleux, les oreilles en alerte.

Indy regarda le dessin et tenta d'imaginer la tête de chacal en or.

— Il y a quelque chose dont je suis sûr, dit Ned. Il parlait encore plus bas.

— Aucun Égyptien n'aurait osé retirer la momie du cercueil. Ils considèrent cela comme un sacrilège.

— Un Européen, alors? demanda miss Seymour.

Ned acquiesça d'un geste de la tête.

— Eh bien, c'est une piste! dit Indy. Maintenant, on peut distinguer qui a pu et qui n'a pas pu commettre le crime.

C'était un Européen. Il se mit à compter sur ses doigts le nombre de personnes pouvant être impliquées pour savoir si cette piste était bonne.

— Carter, souffla-t-il, et il dressa un doigt.

Ned le regarda d'un air sceptique.

— Peu probable.

Indy replia son doigt et recommença à énumérer. Il

regarda tout autour de lui, dans la tente, puis il montra trois doigts.
— Nous...
Il en montra un quatrième et dit :
— Démétrios...
Enfin, il dressa son pouce.
— Pierre !
Ned se tortilla sur son banc ; il n'était pas convaincu.
— Il y a d'autres possibilités. Que pensez-vous de quelqu'un qui appartient aux deux peuples ?
Ses yeux regardèrent de côté et se posèrent sur quelqu'un.
— Quelqu'un qui en savait assez sur les Égyptiens pour faire croire à une malédiction afin d'effrayer les travailleurs. Quelqu'un qui avait besoin d'argent et qui haïssait Rachid.
Cette description était celle d'un seul homme et Indy aurait voulu se tourner pour lui faire face. Au lieu de cela, il murmura son nom.
— Bassam Ghaly. Allez-vous l'arrêter, Ned ?
Miss Seymour soupira.
— Quelles preuves avons-nous, monsieur Jones ? monsieur Ghaly n'a pas le chacal sur lui. Il n'y a aucun témoin qui l'ait vu dans le tombeau. En fait, nous n'avons aucune preuve qui montre qu'il y soit jamais allé. Dans toute société civilisée, il faut trouver des preuves avant d'accuser quelqu'un.

Indy se mit à tambouriner sur la table avec ses doigts. Elle ne pouvait pas choisir un autre moment pour avoir raison ?

— Nous devons trouver des preuves solides. Le chacal lui-même... Mais j'allais oublier ! s'écria Ned. Nous avons une preuve ! La seule chose est que nous ne savons pas ce que c'est.

Il se pencha sur la table et souffla pour en ôter la poussière. Puis il tira une enveloppe de sa poche et en versa le contenu, de la poudre argentée, sur la table.

C'était la poudre que Ned avait découverte sur les jambes de Rachid. Indy regarda attentivement cette poudre et en prit un peu entre le pouce et l'index.

— Cela ressemble à du magnésium, dit Indy.

Ned lui prit le menton et dit :

— Henry, tu es impressionnant.

— « Étonnant » serait plus approprié, dit miss Seymour.

Indy, rayonnait. Cela ne valait pas la peine de leur dire qu'il savait que c'était du magnésium parce qu'un ami de son père, qui était un scientifique, en avait utilisé une fois pour lui apprendre un tour de magie, à l'époque où ils vivaient dans le New Jersey.

— Il se peut que ce soit du magnésium, dit Ned. Il y a une façon de le savoir.

Ned craqua une allumette et approcha la petite femme bleue de la poudre. Elle grésilla, puis il y eut un petit éclair blanc : la poudre venait d'exploser.
— C'est la poudre qu'utilisent les photographes! dit Ned en s'efforçant de murmurer.
— Pierre, dit Indy.
Incapable de se contenir, il se retourna et regarda le photographe. Pierre était assis à une table à côté d'eux, les pieds posés dessus. Il buvait une tasse de thé et s'essuyait la moustache après chaque petite gorgée. Indy ne le considérait plus comme un innocent.
— Qu'allons-nous faire de lui?
Ned rit.
— Il y a cinq minutes, tu posais la même question au sujet de Bassam Ghaly, mon vieux! dit-il. Restons-en là pour ce soir.
Indy était dans sa tente, endormi, lorsque des pas à l'extérieur le réveillèrent. Le jour pointait à l'horizon, il se retourna donc pour dormir un peu plus. Mais à peine s'était-il retourné qu'il sentit une main douce et forte à la fois se presser contre sa bouche. Le corps d'Indy se raidit de surprise. Il se retourna brusquement et fixa son regard sur les yeux perçants de Ned, qui se trouvait sur son lit de camp.
— Pardon, murmura-t-il, mais il fallait que je sois sûr que tu ne ferais pas de bruit.

La main forte et douce de Ned se relâcha et Indy respira à fond, mais quelque chose lui serrait la gorge.

— J'ai besoin de ton aide, mon vieux, dit Ned.

— Bien sûr, dit Indy en s'asseyant.

Indy remarqua que Ned devait avoir quelque chose de dangereux en tête.

— Je veux fouiller la tente de Pierre.

Indy se redressa.

— Parfait ! pensa-t-il.

Cela devenait vraiment intéressant.

— Je pensais que je pourrais peut-être m'y glisser maintenant, pendant qu'il est à la cantine, continua Ned. Mais pour ça, j'ai besoin que tu restes en alerte. S'il bouge, viens vite me prévenir.

— Qu'est-ce qui se passera s'il vous attrape, Ned ? Il a tué Rachid. Il vous tuera aussi !

— Je suis capable de me défendre en cas de besoin, dit Ned, soulevant sa veste et montrant un pistolet Mauser coincé dans la ceinture de son pantalon. Je ne veux pas m'en servir. Alors, à toi de jouer, mon vieux !

Il quitta rapidement la tente, qui resta ouverte.

— Vous pouvez me faire confiance, Ned. Et faites attention !

Ned revint sur ses pas, ce qui étonna Indy.

— Retire ce que tu viens de dire, Henry! dit-il sèchement.

Puis sa voix se radoucit.

— C'est la dernière chose que j'ai dite à Rachid, et cela ne lui a pas porté chance.

Puis il hocha la tête et partit. Indy le regarda passer entre les tentes en toile blanche et s'arrêter devant l'une d'elles. Il regarda autour de lui, puis s'introduisit à l'intérieur.

— Vous devez trouver quelque chose, pensa Indy, croisant les doigts. Dépêchez-vous de le trouver et partez!

Puis il se souvint : il n'était pas supposé regarder Ned. Il devait surveiller Pierre! Il enfila rapidement ses vêtements et se glissa dehors en direction de la cantine.

— Ne te fais pas prendre! se dit Indy. Reste caché et ne te montre pas!

Indy se cacha derrière une petite tente. De là, en levant la tête, il avait une vue parfaite de l'intérieur de la cantine, les pans de la tente étant levés. Indy put voir le photographe assis à une table.

Pierre buvait du thé et mangeait une tartine de pain avec de la confiture. Il s'essuyait la moustache après chaque bouchée.

— C'est bien, pensa Indy. Reste assis et prends ton petit déjeuner! Et surtout, prends tout ton temps!

Mais soudain, Pierre regarda dans la direction d'Indy.

— Pourquoi te caches-tu derrière cette tente, mon ami? dit-il.

— Quelle malchance! pensa Indy.

Il sourit nerveusement et lança un faible « bonjour », puis se redressa.

— Comment avez-vous su que j'étais là?

— Un photographe serait perdu s'il n'avait pas de bons yeux, non? Il doit avoir des yeux derrière la tête.

— Cela aurait aidé Rachid, se dit Indy amèrement.

— Tu es en avance pour le petit déjeuner.

— Je n'ai pas très faim, dit Indy.

Il s'avança et se mit de l'autre côté de la table, en face de Pierre. Il regardait les poches de sa veste fixement. Indy espérait avoir la chance d'apercevoir une forme ressemblant à celle du chacal en or.

— Qui pourrait t'en vouloir, étant donné ce qu'on nous sert? Je serais capable de tuer pour avoir un vrai morceau de pain français.

Indy sentit sa gorge se serrer. D'abord, le chacal en or, puis les yeux de rubis, et maintenant le pain français. Pour quoi encore serait-il capable de tuer?

— Où est ton ami Ned? demanda Pierre. Tu es toujours avec lui, comme si tu étais son ombre.

— Je ne l'ai pas vu dernièrement, dit Indy en

avalant sa salive. Mais je suis sûr qu'il est occupé. Vraiment occupé.

— Très étrange, mon ami, dit Pierre en levant les sourcils. J'ai du respect pour quelqu'un qui a des secrets et qui les garde.

Pierre se leva et se lissa la moustache une dernière fois à l'aide de son index.

— Bon, il y a beaucoup à faire. Une chance comme celle-là n'arrive qu'une fois dans la vie et on ne peut passer à côté.

— Où allez-vous ? demanda Indy un peu trop rapidement.

— Dans la salle de travail, mon ami. Toujours le travail qui m'appelle.

Alors que Pierre quittait la tente, Indy se demanda ce que voulait dire son sourire contraint. Il attendit quelques instants, puis le suivit, se cachant derrière une tente, puis une autre, essayant de ne pas se faire voir.

Mais Pierre marchait vite et faisait de longues enjambées. Indy continua à se cacher pour être sûr de ne pas se faire prendre. Cependant, lorsqu'il se redressa pour se cacher derrière une autre tente, il faillit se cogner contre Pierre, qui était revenu sur ses pas pour le surprendre.

— Pourquoi me suis-tu ?

Cette fois, Pierre ne souriait plus.

— Je ne vous suis pas, dit Indy, je vais par là aussi.
Pierre posa doucement sa main sur la tête d'Indy.
— Je n'ai pas besoin d'une autre ombre, mon ami, dit-il.
Dans l'esprit d'Indy, il ne faisait aucun doute que Pierre était sérieux. Il aurait pu facilement écraser la tête d'Indy comme on presse une orange. Au lieu de cela, de ses doigts, il fit pression sur le crâne d'Indy pour le forcer à faire un « oui » de la tête.
— Je suis content que tu sois d'accord, dit Pierre.
Il relâcha la tête d'Indy en souriant, puis repartit. Indy resta un moment sans bouger. Ned en avait-il terminé avec la tente de Pierre ? Avait-il trouvé le chacal ? Était-il à la recherche d'Indy ?
Indy ne pouvait répondre. Mais il était sûr d'un point : Pierre avait quelque chose à cacher. Indy le sentait, à la façon dont il lui avait retenu la tête... à son regard furtif, d'habitude si souriant.
Il se rendit compte qu'il ne pouvait plus attendre Ned. Pierre préparait quelque chose. Il marchait en ce moment dans une autre direction ; il se dirigeait vers le tombeau !
Indy courut parmi les rochers, vers l'endroit où le tombeau de Kha était entièrement enseveli sous des décombres vieux de plusieurs milliers d'années.
La vallée était silencieuse, car plus aucun travailleur ne creusait à cet endroit. Il ne restait que la malédic-

tion, les éraflures montrant l'emplacement du chacal. Et un meurtrier. Indy fit une pause à l'entrée du tombeau. Il respira bien fort pour se donner du courage, regarda autour de lui une dernière fois, puis suivit Pierre à l'intérieur.

CHAPITRE 11

Indy s'arrêta juste à l'entrée de la chambre mortuaire et attendit un peu que son cœur se calme. Pierre était à l'intérieur. Il allait d'un côté à l'autre de la pièce, il maugréait en français; il criait même parfois. Un simple mur fin en pierre les séparait — c'était peut-être la seule chose qui gardait Indy en vie pour le moment.
— Pourquoi est-ce que je l'ai suivi moi-même? se demanda Indy.
Mais il était trop tard pour penser à cela.
Qu'est-ce qu'il fait?
Indy fit un pas en avant. Il émergeait de quelques centimètres de l'obscurité dans la chambre mortuaire quelque peu éclairée. Un autre pas... puis un

autre encore. Soudain, la chambre mortuaire fut inondée d'une lumière blanche aveuglante, comme le soleil dans le désert.

— Il a déclenché le feu de la malédiction! pensa Indy.

Il se protégea les yeux et recula jusqu'à ce que son dos se presse contre le mur du tombeau.

— Ne bouge plus, se dit Indy. Ne respire pas trop. Peut-être que rien ne t'arrivera.

Une nouvelle explosion se fit entendre et de nouveau la lumière aveuglante! Indy fut à nouveau surpris. Il eut un mouvement de recul et se pressa un peu plus contre la pierre, qui s'enfonçait dans son dos.

Soudain, on entendit un grincement et l'impossible survint. La pierre qui était derrière Indy se mit à bouger. Le panneau glissa et Indy se mit à chanceler. Il se rattrapa de justesse pour ne pas tomber.

— Pierre n'avait peut-être pas entendu, pensa Indy. Il priait pour que ce fût le cas.

Mais juste à ce moment-là, il entendit un bruit. On ne pouvait s'y méprendre. Ce claquement du cuir sur le sol de pierre était un bruit de pas. Le bruit était de plus en plus fort. Il s'approchait. Indy n'avait plus le choix. Il devait s'engager dans cette issue sombre, s'éloigner le plus possible de ces pas.

Pourtant, il savait que cela ne servirait à rien. Il était pris au piège.
Un faible rayon de lumière surgit de la chambre mortuaire.
Il recula. Il sentit quelque chose de fin et d'aiguisé qui s'enfonçait dans son dos. Il frissonna. Qu'est-ce que c'était?
Indy se retourna et se trouva nez à nez avec la momie!
— Aaaïïïïe! hurla Indy en se tordant pour s'échapper.
Sa petite main osseuse couverte de morceaux de peau brunie toucha son épaule, son visage et sembla vouloir serrer Indy par la taille.
— Cours! Sors d'ici! hurlait-il dans sa tête.
Mais la momie était tombée sur lui. Son pied glissa et il tomba par terre, la momie sur son corps. Ses yeux fixaient Indy. Indy était à quelques centimètres d'un crâne dont les orbites étaient vides, les dents de travers, la peau tannée comme du cuir, la bouche décharnée. Les deux visages étaient pressés l'un contre l'autre!
Indy fit un mouvement pour éloigner sa tête. Son cœur battait à tout rompre. Tout à coup, il vit un autre visage, vivant celui-là, qui le regardait froidement. C'était Pierre! Il tenait une torche et avait l'air très en colère, assez pour tuer.

— Non, cria Indy, ne me tuez pas! Ne me tuez pas comme Rachid!

Soudain, une silhouette kaki arriva par le passage et empoigna Pierre violemment pour l'emmener dans la chambre mortuaire. Pendant un moment, on n'entendit que des cris et des coups de poing, puis Indy entr'aperçut Ned.

Pris de vertiges, il s'éloigna rapidement de la momie, qui avait une odeur infecte. Pierre et Ned se battaient toujours, mais bientôt Indy entendit un grand déclic : le bruit d'un pistolet que l'on arme! Ned força Pierre à se lever et le plaqua contre un mur, une main sur sa gorge. L'autre main tenait le pistolet, à quelques centimètres du nez de celui-ci...

— Vous êtes fou? cria Pierre. Je n'ai pas tué Rachid!

Ned cessa d'étrangler Pierre, mais garda le pistolet dans la même position.

— Alors, que faites-vous ici? demanda-t-il.

Pierre montra de la tête son appareil photographique et son flash, situés à côté du cercueil.

— Je... prenais quelques photographies, dit-il à contrecœur. Pour les vendre à la presse. Il y a beaucoup d'argent à se faire grâce à cette histoire. Il faut bien vivre.

Ned recula, l'arme toujours pointée sur Pierre. Celui-ci ne bougeait pas.

— Il y avait de la poudre de magnésium sur le corps de Rachid, dit Ned.

Il énonçait un fait, mais sur un ton accusateur. Pierre ne s'y trompa pas.

Son visage s'éclaira.

— Mais je ne suis pas le seul à avoir du magnésium !

Pas le seul ? Indy fit un pas en arrière et son pied heurta accidentellement la momie qui était là, étendue sur le sol. Soudain, on entendit un étrange petit bruit métallique.

— Regardez ! cria-t-il à Pierre qui avait accouru, en se penchant pour prendre quelque chose. Cela vient de tomber des bandelettes de la momie.

C'était un morceau de métal, lourd et en forme de T, avec une grosse poignée arrondie en bois. Un côté de la poignée avait une tache irrégulière, d'un rouge sombre, presque brun.

— C'est peut-être du sang, dit Indy.

Pierre prit la poignée des mains d'Indy et la tourna entre ses doigts.

— C'est un piston de détonateur, dit-il.

Ned ne dit qu'un mot, ou plutôt il le cria tout en courant vers l'entrée du tombeau. Le mot fit écho dans le couloir.

— Démétrios !

L'expert en démolition ?

— Non ! pensa Indy. Pas l'homme gai qui apprenait

des pas de danses grecques aux autres travailleurs égyptiens.
Indy était étonné de voir que Démétrios était si différent de ce qu'il laissait paraître.
Ned en tête, tous coururent en direction de la sortie et se précititèrent vers la tente de Démétrios. Ned avait toujours son pistolet armé à la main. Indy et Pierre le suivaient de près. Un peu plus loin apparut miss Seymour.
— Avez-vous trouvé quelque chose? demanda-t-elle, remarquant combien ils étaient excités.
— Je le crois, répondit Indy.
A l'intérieur de la tente, tout était propre et bien rangé. Il y avait d'un côté des boîtes à outils, des rouleaux de fil de fer, des flacons de produits chimiques. De l'autre côté, il n'y avait qu'un lit de camp.
Indy prit un flacon contenant la fameuse poudre argentée.
— De la poudre de magnésium, dit-il. Pour fabriquer des mèches.
Juste à ce moment-là, Ned trouva un détonateur sous le lit de camp. Il n'avait pas de piston. Ned prit la petite pièce en forme de T qu'Indy avait trouvée dans le tombeau — celle qui était, de l'avis de tous, l'arme du crime — et la plaça dans le détonateur. Elle y entrait parfaitement.

— Mais où est Démétrios ? demanda Indy.
— Ses vêtements ne sont pas là, dit miss Seymour en tirant un rideau de fortune.
— Il doit être à Port-Saïd en ce moment, dit Pierre tristement.
— Prêt à embarquer sur le premier bateau.
— Pas si je m'en mêle !
Ned hurlait presque. Il jeta le détonateur par terre et sortit de la tente en courant.
— Qu'allez-vous faire ? demanda Indy.
Mais Ned passa si vite qu'il ne l'entendit pas. Le temps qu'Indy le rattrape, Ned était déjà monté sur son vélo, son revolver et une gourde à la ceinture.
— Mais...
— J'ai été vraiment très heureux de te rencontrer, Henry. Tu es vraiment un type formidable ! dit Ned tout en pédalant.
— Ned, ne partez pas !
— Je le dois. Le meurtrier de Rachid ne peut pas rester en liberté. Et le chacal doit aller au musée. Je dois tout faire pour cela, d'accord ?
Ned sourit, mais n'attendit pas de réponse. Dans son esprit, il n'avait pas le choix. Indy le comprenait très bien. Par contre, il ne comprenait pas pourquoi sa lèvre inférieure avait commencé à trembler.
— Ned ! appela-t-il en courant pour garder la distance. *Ankh, wedja, seneb !*

Les yeux de Ned brillaient de fierté et de confiance envers Indy. Il ralentit un peu.
— Je t'écrirai. Promis ! dit-il.
Il se mit alors à pédaler comme un fou, comme une tempête de sable en plein désert ; il s'en allait de la même façon qu'il avait surgi dans sa vie.
— Au revoir ! Ne m'oublie pas ! lança-t-il en tournant la tête sans cesser de pédaler.
— Ne m'oublie pas... Comme si je pouvais un jour l'oublier ! dit Indy à miss Seymour, qui était venue le rejoindre et avait posé son bras sur ses épaules.
— Il ne reviendra pas, n'est-ce pas ?
— D'après ce que je sais, monsieur Lawrence n'est pas quelqu'un qui revient sur ses pas, dit miss Seymour. Il marche toujours droit devant lui.
— Eh bien, pensa Indy tristement alors qu'il regardait le nuage de poussière que faisait T.E. Lawrence en pédalant s'éloigner à l'horizon, nous avons eu de bons moments. Des moments du tonnerre, comme aurait dit Ned.
Ils s'étaient assis au pied de la Grande Pyramide à minuit, étaient entrés dans un tombeau inexploré, avaient fait face à la malédiction d'une momie et résolu ensemble le mystère à propos d'un meurtre. Ce n'était pas mal.
— Vous savez, monsieur Jones, monsieur Lawrence disait parfois que, depuis qu'il m'avait rencontrée,

sa vie avait changé, dit miss Seymour d'une voix qui s'adoucissait au fur et à mesure qu'elle parlait.

— Je ressens la même chose envers lui, dit Indy. Et je le lui dirai, la prochaine fois que je le verrai.

— C'est très bien, monsieur Jones, dit miss Seymour avec un hochement de tête approbateur. Puis elle ajouta :

— Je me demande quelle opinion j'aurai de vous dans quelques années.

— Oh, je suis sûr que je changerai aussi votre vie, miss Seymour ! dit Indy avec un sourire taquin.

— Je verrai bien, dit-elle. En tout cas, je sais que mes nerfs ne seront plus jamais les mêmes.

Puis, à la grande surprise d'Indy, elle lui rendit son sourire.

— Il faut nous préparer pour notre retour au Caire, monsieur Jones. Et surtout, ne vous inquiétez pas ! Vos leçons sont toutes prêtes.

Indy donna un coup de pied dans le sable.

— J'en suis certain, grommela-t-il.

Indy dut attendre plusieurs jours avant d'apprendre que Ned était arrivé trop tard à Port-Saïd pour rattraper Démétrios, qui était monté à bord d'un bateau à destination de la Grèce. Et il dut attendre encore plus longtemps avant d'avoir des nouvelles de T.E. Lawrence lui-même.

Mais là, dans la Vallée des Rois, en Égypte, en ce

mois de mai 1908, le jeune Indiana Jones se fit une promesse. Un jour, les pas de Démétrios et les siens se croiseraient à nouveau, il retrouverait alors le chacal aux yeux de feu.

— Un jour, je t'aurai, Démétrios! dit Indiana Jones à haute voix. Et ce jour-là, tu paieras pour ce que tu as fait!

*Impression réalisée sur CAMERON
par BRODARD ET TAUPIN
La Flèche
en décembre 1992
N° d'impression : 6373G-5*